I0867690

Los ELEGIDOS

LIBRO TRES

BroadStreet
ESPAÑOL

TABLA DE CONTENIDO

PRÓLOGO

Cuando Lenya, nuestra hija de cinco años, se fue inesperadamente al cielo cinco días antes de Navidad hubo algunas cosas de las que estábamos muy seguros. Nunca dudamos sobre dónde estaba ella. Sabíamos que se había ido al Paraíso. Nunca nos preguntamos si Dios todavía era bueno o si aún tenía un plan para nosotros. La fe se desarrolla en lugares que asustan. Nunca nos preguntamos si habíamos sido olvidados o abandonados o traicionados. Dios estuvo con nosotros y nos dio paz. Y nunca nos preocupamos de si la íbamos a volver a ver. Pero una de las cosas de las que sí dudé, una de las cosas que me despertaban sudando frío a las tres de la mañana, era quién exactamente la estaba cuidando en el cielo. Es decir, ese es un lugar muy grande. *¿Es Rut? ¿Es Ester?* Yo sé que está a salvo, pero ¿quién la está cuidando en realidad? Ella solamente tiene cinco años.

Cuando por primera vez vi *The Chosen* (Los elegidos), especialmente por insistencia de mi esposa, lo que me sorprendió mucho era la forma creativa y bella en que Dallas presentaba a Jesús. Sus ojos bondadosos. Su sentido del humor. Su humanidad. Es fácil pasar por alto ese lado de Jesús. El Jesús que cargaba una mochila, bailaba en la boda, era sutilmente sarcástico y tenía ojos llenos de ternura. Santo, pero no santurrón. Accesible. Divertido. Salvaje. Un Salvador con quien los niños querían compartir. Antes de *The Chosen*, solo había visto representaciones del Mesías que me hacían querer ir a adorar, pero nunca me llevaron a querer compartir una cena o contratarlos como niñeros. *The Chosen* me mostraron a un Jesús por quien yo sería capaz de subir a un árbol para escucharlo y estar emocionado de comer fajitas con Él después.

Particularmente, ver a Jesús interactuando con los niños me llenó los ojos de lágrimas y consoló mi corazón. La idea de que el tipo de Jesús que vi en mi televisor estaba cuidando a mi hijita llevó sanidad a mi alma e hizo que mi corazón cantara. *The Chosen* presentaba al Jesús que está en las Escrituras de una manera nueva, impresionante, maravillosamente cálida. Me hizo querer seguir nuevamente a Jesús por primera vez. También me hizo querer leer las Escrituras con una imaginación renovada y con asombro.

Así es que descubrí el sutil secreto de Dallas y su esposa Amanda. Ellos nunca se propusieron hacer un programa de televisión, sino que se propusieron hacer discípulos. Me atraparon.

Es fácil volverse ciego ante las cosas que uno ha visto muchas veces. La Biblia puede ser así. Los fariseos escudriñaban las Escrituras en busca de vida, pero pasaban por alto el hecho de que desde Génesis hasta Apocalipsis, toda la historia se trata de Jesús. Se requiere esfuerzo para salir de la rutina y dejar que Jesús cobre vida frente a uno en cada página y cada vez que uno aborda la Biblia. Se debe ser intencional al leerla como si nunca la hubiera leído.

Mi oración por usted es que si al igual que yo (y millones más) *The Chosen* ha encendido algo en usted, eso lo impulse a sacudirse las nociones preconcebidas y las oraciones de memoria y procure tener un encuentro nuevo con Jesús a medida que se involucre en la aventura que es este devocionario. Sírvase un café, haga unas fajitas, siéntese en su sillón favorito o suba al árbol. Pídale a Dios que le abra los ojos de su corazón y le ayude a ver las verdades gloriosas que hay en su Palabra. Este recorrido de 40 días podría cambiarlo todo porque es un espacio para que usted encuentre a Aquel a quien su corazón ha anhelado toda su vida.

En *Las crónicas de Narnia* de C. S. Lewis, Lucy y Susan pasan tiempo retozando con Aslan el León, quien representa a Cristo, y luego, nunca pueden decidir si estar con Él era más como jugar con un gatito o luchar contra una tormenta. Esa mezcla, esa tensión, esa belleza es lo que le espera a usted en estas páginas.

Esté preparado o no, aquí va.

Levi Lusko

Autor de: *The Last Supper on the Moon: NASA's 1969 Lunar Voyage, Jesus Christ's Bloody Death, and the Fantastic Quest to Conquer Inner Space*

INTRODUCCIÓN

Este libro es un poco distinto a los anteriores.

Nuestro primer devocionario de *Los elegidos* fue una presentación de Jesús, sus seguidores y la idea de que, al igual que ellos, Dios nos eligió en el "antes"; esa parte de la historia cuando somos versiones incompletas de las personas que Dios diseñó. Pero, luego, Jesús entra en escena y nos rescata del pecado y nos cambia haciéndonos más como Él y menos como éramos antes.

Nuestro segundo devocionario continuó donde nos quedamos en el primero y buscaba responder la pregunta, *¿qué es realmente lo que significa seguir a Jesús?*, poner nuestra identidad en Él, entregarnos a su voluntad y a su manera de ser, ir a donde Él va y hacer lo que Él hace.

Pero este tercer libro lleva el seguir a Jesús a un nivel completamente nuevo, y suponemos que es algo bueno ya que el mundo se está volviendo cada vez menos amigable con quienes creen que Jesucristo es el Hijo de Dios. Lo que significa que a medida que las cosas se ponen más polémicas, sus seguidores necesitaremos mucha más claridad de convicción, fuerte resolución y un temple más firme. Y no solo debido a la hostilidad que nos rodea, sino también porque Dios así lo requiere.

Yo sé todo lo que haces, que no eres ni frío ni caliente.
¡Cómo quisiera que fueras lo uno o lo otro!;
pero ya que eres tibio, ni frío ni caliente,
¡te escupiré de mi boca!

APOCALIPSIS 3:15-16 NTV

Jesús nos ama y preparó un camino para que fuéramos rescatados. Sin duda, Él ofrece una gracia radical, inmerecida y eterna desde el momento en que lo aceptamos hasta nuestro último suspiro (Juan 1:16), todo eso es cierto. Sin embargo, a pesar de cuán desacreditado es culturalmente, también es cierto que cualquier otro camino lleva a la destrucción (Juan 3:36) y que *Jesucristo mismo* juzgará a los incrédulos al final de los tiempos (Apocalipsis 20:11-15).

Lo cual nos lleva a este libro y al peor argumento promocional del mundo que nosotros podemos ofrecer, pero que tal vez también sea la exhortación más amorosa que podemos armar: Jesús no quiere seguidores pasivos. Por el contrario, Él quiere que lo busquemos, que procuremos entendimiento, que oremos pidiendo más fe, que sepamos y nos aferremos a lo que es verdad y que rechacemos lo que no lo es, que obedezcamos la Palabra de Dios, y que perseveremos a través de las cosas difíciles, de las cuales habrá muchas.

Jesús quiere seguidores que lo busquen apasionadamente hasta lo más recóndito de la tierra.

Así que nosotros, estimado lector, estamos calentando los motores.

En presencia de Dios y de Cristo Jesús—quien un día juzgará a los vivos y a los muertos cuando venga para establecer su reino—te pido encarecidamente: predica la palabra de Dios. Mantente preparado, sea o no el tiempo oportuno. Corrige, reprende y anima a tu gente con paciencia y buena enseñanza. Llegará el tiempo en que la gente no escuchará más la sólida y sana enseñanza. Seguirán sus propios deseos y buscarán maestros que les digan lo que sus oídos se mueren por oír. Rechazarán la verdad e irán tras los mitos.

2 Timoteo 4:1-4

Amanda, Kristen y Dallas

DÍA 1

BIENAVENTURADOS LOS POBRES EN ESPÍRITU

Y tomando él la palabra, comenzó a enseñarles diciendo: "Dichosos los pobres en espíritu, porque el reino de los cielos les pertenece".

MATEO 5:2-3 NVI

En su famoso sermón del monte, Jesús no hablaba del dinero, a pesar de que ser pobre económicamente a veces facilita que seamos "pobres en espíritu". La *carencia* de cualquier tipo tiene una manera de ablandarnos el corazón y de exponer nuestras verdaderas necesidades. Por otro lado, en ocasiones, la riqueza hace más difícil ser pobre en espíritu porque fomenta la autosuficiencia e incluso el orgullo. Estos son factores enemigos de una postura humilde, la cual es necesaria para ser pobre en espíritu.

No, los pobres a los que Jesús se refiere son aquellas personas que están listas y dispuestas a buscar ayuda en Dios. Cuando reconocemos nuestra propia bancarrota espiritual (esa necesidad desesperada de ser salvos del pecado y de todas sus consecuencias) es cuando nos humillamos a lo sumo y con rapidez. Si somos sensatos, nos quedaremos en esa misma posición. Significa que vivimos en rendición ante nuestro Salvador, confiando en la ayuda que proviene de Él y que nosotros no podríamos proveerla por nuestras propias fuerzas.

Es válido asegurar que Jesús estaba enseñando a sus discípulos una manera nueva y única de vivir, no solo en actitud, sino también en conocimiento, pues Jesús hablaba de un reino que no era de este mundo. Él no estaba simplemente enseñándoles a sus seguidores cómo tomar buenas decisiones, aunque sabemos que debemos obedecer la Palabra de Dios e intentar ser más como Jesús. Aunque nuestras decisiones son importantes, el sermón no se enfocaba en ellas. Más bien, Jesús quería que sus seguidores vieran y entendieran su nueva realidad y que esta vida no es todo lo que existe.

Jesús vino a ofrecerse a sí mismo junto con todo lo que le pertenecía, lo cual incluye la pertenencia al reino. Cuando lo aceptamos nos convertimos en parte del reino, aunque sigamos viviendo aquí. ¡Este conocimiento debiera cambiarlo todo! Estamos aquí, pero solo por ahora. Nuestras circunstancias son difíciles, pero solo por ahora. Nuestro dolor y sufrimiento son reales, pero solo por ahora. El pecado, la enfermedad y los conflictos son parte de nuestra vida, pero solo por ahora.

¿Es esto también parte de nuestra vida ahora?

1. Tenemos acceso al Rey. Podemos acercarnos al Dios del universo con confianza.

Así que, hermanos, mediante la sangre de Jesús, tenemos plena libertad para entrar en el Lugar Santísimo, por el camino nuevo y vivo que él nos ha abierto a través de la cortina, es decir, a través de su cuerpo; y tenemos además un gran sacerdote al frente de la familia de Dios. Acerquémonos, pues, a Dios con corazón sincero y con la plena seguridad que da la fe, interiormente purificados de una conciencia culpable y exteriormente lavados con agua pura.

HEBREOS 10:19-22 NVI

2. Tener acceso al poder del Rey. No estamos desamparados en el mundo actual.

Su divino poder, al darnos el conocimiento de aquel que nos llamó por su propia gloria y excelencia, nos ha concedido todas las cosas que necesitamos para vivir como Dios manda.

2 PEDRO 1:3 NVI

3. La atención del Rey. Jesús lleva personalmente nuestras necesidades ante el Padre.

¿Quién condenará? Cristo Jesús es el que murió, e incluso resucitó, y está a la derecha de Dios e intercede por nosotros. ¿Quién nos apartará del amor de Cristo? ¿La tribulación, o la angustia, la persecución, el hambre, la indigencia, el peligro, o la violencia? Sin embargo, en todo esto somos más que vencedores por medio de aquel que nos amó. Pues estoy convencido de que ni la muerte ni la vida, ni los ángeles ni los demonios,[g] ni lo presente ni lo por venir, ni los poderes, ni lo alto ni lo profundo, ni cosa alguna en toda la creación podrá

apartarnos del amor que Dios nos ha manifestado en Cristo Jesús nuestro Señor.

ROMANOS 8:34-35, 37-39 NVI

4. La presencia del Rey. Dios está con nosotros en todo momento, en toda circunstancia.

Y yo le pediré al Padre, y él les dará otro Consolador para que los acompañe siempre: el Espíritu de verdad, a quien el mundo no puede aceptar porque no lo ve ni lo conoce. Pero ustedes sí lo conocen, porque vive con ustedes y estará en ustedes.

JUAN 14:16-17 NVI

Dado que el reino de los cielos ya está aquí, aquellos cansados y rendidos a Jesús tienen una forma totalmente nueva de ver, entender y navegar en el mundo quebrantado en que vivimos. Independientemente de nuestra carencia, estamos bajo la protección, el poder y el cuidado amoroso del Rey, somos parte de su reino.

En verdad, eso cambia todo.

ENFOQUE DE ORACIÓN

Ore para que Dios pueda ayudarlo a aferrarse a estos versículos a medida que avanza en este libro y a medida que enfrenta las dificultades. Ore para que Él cultive en usted una humildad profunda y pobreza de espíritu que son características propias de aquellos que le pertenecen al Hijo. Ore para que su corazón y su esperanza pasen por la transformación de su Espíritu. Ore para que Él siempre responda a estas peticiones de manera afirmativa.

DE AHORA EN ADELANTE

- ¿Por qué tener *carencias* hace más fácil que respondamos de forma positiva a Jesús?
- ¿En qué formas ve que el reino de los cielos trabaja alrededor de usted?
- Jesús es quien nos conduce para presentarnos ante el Rey. El saberlo, ¿cómo cambió la forma en la que se siente ante las circunstancias difíciles que experimenta en la actualidad?

DÍA 2

BIENAVENTURADOS LOS PERSEGUIDOS

Dichosos los perseguidos por causa de la justicia, porque el reino de los cielos les pertenece. Dichosos serán ustedes cuando por mi causa la gente los insulte, los persiga y levante contra ustedes toda clase de calumnias. Alégrense y llénense de júbilo, porque les espera una gran recompensa en el cielo. Así también persiguieron a los profetas que los precedieron a ustedes.

MATEO 5:10-12 NVI

Casi tres décadas después de que Simón recibiera el nuevo nombre de Pedro y que se le identificara como la roca sobre la que Jesús construiría su iglesia (Mateo 16:18), revistió de identidad a sus compañeros de iglesia al decirles: "Pero ustedes son linaje escogido, real sacerdocio, nación santa, pueblo que pertenece a Dios, para que proclamen las obras maravillosas de aquel que los llamó de las tinieblas a su luz admirable" (1 Pedro 2:9 NVI).

Pedro escribió esta carta a un grupo de exiliados esparcidos que habían huido de Jerusalén después de sufrir una persecución cruel por parte de los romanos. Era una época alarmante. Por un tiempo, la relación entre los cristianos y el gobierno marchaba bien. Sin embargo, a medida que la iglesia crecía y el mensaje del evangelio se esparcía, lo mismo sucedió con esta amenaza percibida.

No nos sorprende que algunos de los creyentes no estuvieran muy entusiasmados por la descripción de Pedro. Así como sus antecesores errantes en el desierto, su identidad y las circunstancias en las que se encontraban no parecían encajar. No se veían ni se sentían miembros de la realeza, y se preguntaban si valía la pena haber sido elegidos. Dado que Pedro podía sentir empatía con la presión, le recordaba a la iglesia perseguida que la bendición muy pocas veces es sinónimo de comodidad o popularidad.

Pedro exhortó a la iglesia fundamentada sobre la roca de forma similar a como Moisés animó a los israelitas en el desierto. Más o menos 1500 años antes de la adversidad de Pedro, Moisés pronunció estas palabras durante su propio momento de dificultad: "Porque para el Señor tu Dios tú eres un pueblo santo; él te eligió para que fueras su posesión exclusiva entre todos los pueblos de la tierra" (Deuteronomio 7:6 NVI).

Muchísimas situaciones se dieron entre el éxodo de los israelitas y la formación de la iglesia primitiva; sin embargo, algo se mantuvo igual: ser elegido nunca hizo que el pueblo fuera inmune a la discriminación, los insultos o la persecución. Al contrario, ser elegidos los incluía en estas adversidades.

En realidad, esa promesa va más allá del tiempo, lo que podría ser la razón por la que el Moisés del Antiguo Testamento y el Pedro del Nuevo Testamento se reunieron por unos instantes en el monte de la transfiguración. Juntos y de pie, glorificaron a Jesús mientras escuchaban que el Padre decía: "Este es mi Hijo amado; estoy muy complacido con Él. ¡Escúchenlo!" (Mateo 17:5 NVI).

Y así fue, lo escucharon. Y Pedro siguió compartiendo a su generación las alabanzas a Jesús, quien nos llama de la oscuridad y nos lleva a su luz admirable. A pesar de los insultos, persecución y falsas acusaciones, Pedro se regocijaba y estaba feliz. Sabía que su recompensa en el cielo sería maravillosa porque capturó una pequeña imagen con sus ojos al estar junto a los profetas perseguidos que se habían ido antes que él. Compartió un parentesco, un vínculo. A Pedro y a Moisés los persiguieron a causa de la justicia.

Nosotros también. Estamos viviendo en tiempos difíciles. Las circunstancias en las que nos encontramos no encajan con nuestra gloriosa identidad. Es difícil sentir que tenemos un linaje real por todos los insultos y las acusaciones falsas que se lanzan contra el pueblo elegido de Dios. No obstante, la bendición no es sinónimo de comodidad ni de popularidad; es el resultado de escuchar a Dios y de obedecer al Hijo que lo complace. La adversidad vale la pena; la recompensa es maravillosa. Así como Pedro, Moisés y el resto de los profetas que se nos anticiparon, algún día también estaremos de pie, frente a frente con el Jesús glorificado.

ENFOQUE DE ORACIÓN

Ore para mantener la perspectiva adecuada cuando le lancen insultos, lo persigan o lo acusen falsamente a causa de su fe en Jesús. Pida a Dios que lo ayude a regocijarse y a estar contento en lugar de sentirse ofendido y molesto. Alábelo por el privilegio de sufrir por su nombre (Hechos 5:41) y pídale que lo ayude a fijar sus ojos en la gloria que ha de venir.

DE AHORA EN ADELANTE

- ¿En qué maneras ha sufrido a causa de su fe?
- Cuando pareciera que las circunstancias no encajan, ¿siente que es difícil identificarse con la descripción "linaje escogido, real sacerdocio, nación santa, pueblo que pertenece a Dios"? ¿Por qué sí o por qué no?
- ¿Le resulta difícil regocijarse y mantener el contentamiento a pesar de todo lo que está sucediendo en el mundo? ¿Qué acciones prácticas puede tomar para fijar sus ojos en Jesús y en su recompensa en el cielo?

DÍA 3

AMEN A SUS ENEMIGOS

"Ustedes han oído que se dijo: 'Ama a tu prójimo y odia a tu enemigo'. Pero yo les digo: Amen a sus enemigos y oren por quienes los persiguen, para que sean hijos de su Padre que está en el cielo. Por tanto, sean perfectos, así como su Padre celestial es perfecto".

Mateo 5:43-45, 48 NVI

Nadie sabe el lugar en que las multitudes escucharon el dicho "*ama a tu prójimo y odia a tu enemigo*". Seguramente se trataba de un dicho coloquial. Sin embargo, en algún punto del tiempo, la ley levita se revisó para personalizarla según las preferencias. De manera específica, la preferencia de odiar a los demás. Fue Moisés quien estableció la ley de amar a los enemigos en un principio. La vida en el desierto se volvía peligrosa, por lo que Dios le dijo que trasmitiera un nuevo conjunto de mandamientos a su pueblo. Entre las instrucciones se encontraban: "Sean santos, porque yo, el Señor su Dios, soy santo" (Levítico 19:2 NVI) y "No alimentes odios secretos contra tu hermano" (versículo 17).

Para dar a conocer una verdad, esta debe repetirse (también debe arreglarse cuando la han mutilado al grado de ya no poder reconocerla), por lo que Jesús volvió a tocar el tema durante el sermón del monte, pero dio un paso adicional al respecto. Además de amar a sus enemigos, Jesús ordenó a la multitud que oraran por ellos. En otras palabras, que apartaran tiempo para interceder por ellos a fin de que recibieran bendición en lugar de pedirle a Dios que los aplastara y los olvidara.

Eso era todo un reto. Ya era difícil no odiar al prójimo, pero amar a los fariseos corruptos y a los romanos opresores tanto como para orar por ellos parecía imposible. Pero, así como Dios lo hizo por medio de Moisés en el desierto, Jesús ligó este mandamiento con ser perfectos.

La verdad es que solo existe una forma de buscar la perfección y es la de cultivar una vida de oración profunda y duradera con el Padre. Dicho de otra manera, el mandamiento se reestructuró porque solamente podremos amar a quienes preferimos odiar si oramos por santidad e intercedemos por el bienestar de nuestros enemigos. Cuando lo hacemos, sucede algo enteramente milagroso: empezamos a ver el amor a través de un lente eterno en el que "Dios dispone todas las cosas para el bien de quienes lo aman, los que han sido llamados de acuerdo con su propósito" (Romanos 8:28 NVI).

Casualmente, una vez que reconocemos las obras del *verdadero* enemigo, dejamos de corregir los mandamientos de Dios para intentar justificar nuestro odio por otras personas. En vez de eso, cuando amamos a nuestros enemigos, nos aferramos a su Palabra y sabemos que "nuestra lucha no es contra seres humanos, sino contra poderes, contra autoridades, contra potestades que dominan este mundo de tinieblas, contra fuerzas espirituales malignas en las regiones celestiales" (Efesios 6:12 NVI).

Todos esos poderes serán devastados y quedarán en el olvido por la eternidad.

Hasta que llegue ese momento, nuestro deber es conocer la verdad. Debemos seguir repitiendo esa verdad que fue mutilada hasta el punto de no poder reconocerla. De hecho, se supone que imitemos a Aquel que nos ha demostrado su amor perfecto hacia todo ser humano. En el último aliento de vida, Jesús oró por los hombres corruptos que lo clavaron en la cruz, y le pidió al Padre que los perdonara.

Porque ellos no eran el verdadero enemigo al que derrotó ese día.

ENFOQUE DE ORACIÓN

Ore a Dios para que derrote a nuestro enemigo verdadero. Pídale que lo ayude a ver sus relaciones y circunstancias a través de un lente eterno y pida fortaleza para orar con sinceridad por aquellos a quienes preferiría odiar. Pida al perfecto Señor de amor que lo ayude a amar.

DE AHORA EN ADELANTE

- ¿Se siente tentado a corregir algunos mandamientos para ajustarlos a sus preferencias personales? ¿Cuáles y por qué?
- ¿En alguna ocasión ha tomado el compromiso de orar por un enemigo de carne y hueso? ¿Cuál fue el efecto en usted?
- Lea Efesios 6:10-18. ¿Cómo puede tomar una postura contra las conspiraciones del enemigo verdadero?

Y hablando del amor...

DÍA 4

EL AMOR ES BONDADOSO

El amor es paciente, es bondadoso.

1 Corintios 13:4 NVI

Como concepto, la bondad siempre es bien recibida. La etiqueta *#bekind* (traducido, sé bondadoso) ha estado en boga desde el momento en que las etiquetas se pusieron de moda, pero como práctica, la bondad se complica, porque formula preguntas difíciles como: *¿qué gano con eso?*, y *¿quién lo va a pagar?* Claro que la mayoría de nosotros no quiere hacer estas preguntas en voz alta. Pero lo bueno es que hay alguien que ya la hizo.

En esto se presentó un experto en la ley y, para poner a prueba a Jesús, le hizo esta pregunta: «Maestro, ¿qué tengo que hacer para heredar la vida eterna?». Jesús replicó: «¿Qué está escrito en la ley? ¿Cómo la interpretas tú?». Como respuesta el hombre citó: «"Ama al Señor tu Dios con todo tu corazón, con todo tu ser, con todas tus fuerzas y con toda tu mente", y: "Ama a tu prójimo como a ti mismo"». «Bien contestado», le dijo Jesús. «Haz esto y vivirás». Pero él quería justificarse, así que le preguntó a Jesús: «¿Y quién es mi prójimo?».

Lucas 10:25-29 NVI

En conclusión, el hombre quería saber con exactitud qué implicaba un amor de ese tipo y a quién incluía (versículo 29). Por eso, Jesús cubrió ambos puntos al contar una parábola acerca de un hombre al que llamaba el buen samaritano; por cierto, ese término "el buen samaritano" era un oxímoron debido al odio profundo que había entre los judíos y los samaritanos.

Esta es la historia resumida: unos ladrones asaltaron a un viajero, lo golpearon de manera terrible al punto de dejarlo semidesnudo y lo abandonaron al lado del camino pensando que estaba muerto. Tres hombres vieron a la víctima, un sacerdote judío, un levita y un samaritano. Los primeros dos que lo vieron no hicieron nada. Sin embargo, el samaritano desvió su camino para curarlo y llevarlo a un lugar seguro en donde pagó dos días de salario para que lo cuidaran.

En otras palabras, los hombres que supuestamente amaban a Dios y lo honraban con sus buenas acciones, simplemente pasaron como que nada había sucedido. No obstante, el odiado samaritano puso en práctica la bondad, aunque esto implicara un costo personal.

Después de tomar como ejemplo a grupos específicos de personas para exponer su punto, Jesús le preguntó al experto en la ley: «"¿Cuál de estos tres piensas que demostró ser el prójimo del que cayó en manos de los ladrones?". "El que se compadeció de él", contestó el experto en la ley. "Anda entonces y haz tú lo mismo", concluyó Jesús» (Lucas 10:36-37 NVI). Dicho de otra forma, en la práctica, la bondad bíblica va mucho más allá de los conceptos, la ley y las etiquetas. Se necesita acción, lo cual formula preguntas que preferimos no hacer por temor a que parezcamos antipáticos.

Sin embargo, la verdad es que es bueno hacer preguntas porque las respuestas son mejores.

¿Qué gano con eso? Heredar la vida eterna en el cielo por haber cumplido con el mayor de los mandamientos en la tierra.

¿Quién lo va a pagar? Ya está pagado. Nuestro Salvador, Aquel hombre odiado al que golpearon de manera terrible al punto de dejarlo semidesnudo, que fue abandonado a una muerte de cruz, fue Él quien se desvió de su camino para curarnos y para llevarnos a un lugar seguro a pesar del costo personal.

Cuando conocemos estas respuestas, la bondad deja de ser complicada. Amamos y honramos a Dios con nuestras buenas acciones. Es decir, vamos y hacemos lo mismo. Ayudamos a quienes necesitan ayuda y demostramos lo que significa amar, esa práctica que siempre será bien recibida.

ENFOQUE DE ORACIÓN

Pida a Dios le revele a quién desea Él que usted le muestre esa bondad bíblica. Alábelo por esa misericordia y bondad que lo llevó al arrepentimiento (Romanos 2:4). Ore para tener la energía y la iniciativa necesarias para ser bondadoso con quienes Dios ponga en su camino, sin importar el costo personal.

DE AHORA EN ADELANTE

- Para la mayoría de nosotros, resulta más fácil estudiar y hablar de la bondad que ponerla en práctica. ¿Qué acción práctica puede realizar esta semana para cambiar esa postura?
- Traiga a su memoria algún momento en el que alguien se desvió de su camino para mostrarle una acción de bondad. ¿Qué impacto tuvo en usted?
- ¿Tiene otras preguntas que parecen desagradables o inapropiadas? ¿Qué debe hacer para preguntar en voz alta? ¡Las preguntas, a diferencia de los motivos, nunca son malas!

DÍA 5

EL AMOR NO ES ENVIDIOSO

El amor no es envidioso ni jactancioso ni orgulloso.

1 Corintios 13:4 NVI

Si está buscando una forma segura de arruinar su vida, envidie a otras personas. No solo es un desastre garantizado, sino que también es una manera extraordinariamente fácil de llegar a ese desastre. Todo lo que tiene que hacer es fijar su atención en la belleza, posesiones, éxito, relaciones o aprobación de alguien más hasta que llegue a un nivel de enojo y resentimiento que le impida tener contentamiento con su propia vida. Esto lo llevará a ignorar las advertencias y terminará asesinando a alguien.

Puede pasar; si no lo cree, pregúntele a Caín.

La envidia fue la causa de que Caín matara al hombre al que se suponía que *amaba como a un hermano*. Literalmente, mató a su propio hermano. Por cierto, Caín y Abel fueron los primeros hermanos en la historia del hombre. Eran los hijos de Adán y Eva, lo que significa que la idea de familia no tuvo el mejor comienzo, en especial cuando se toma en cuenta que su vida era relativamente sencilla (aparentemente).

Entonces, ¿cómo fue que todo sucumbió tan rápido sin tener redes sociales, dinero o partidos políticos a quien culpar?

Bien, como podemos ver, la envidia es simple. Es un acto de la carne y la carne puede encontrar miles de razones para sentirse insatisfecha, inclusive cuando da una ofrenda a Dios.

Lo que sucedió fue que los dos hermanos ofrecieron a Dios una porción de su trabajo. Abel le dio lo mejor de su rebaño y Caín trajo fruto de la tierra. Dios recibió la ofrenda de Abel, pero no la de Caín. Sin embargo, la reacción de Dios no tenía nada que ver con las ofrendas que le entregaron. Más bien, el que las haya aceptado o no, se basaba en el estado del corazón de quienes trajeron la ofrenda. El corazón de Caín estaba corroído por la envidia y después de la confrontación, se llenó de ira.

A pesar de las acciones irracionales de todo el suceso, Dios fue misericordioso y le dijo a Caín: "Serás aceptado si haces lo correcto, pero si te niegas a hacer lo correcto, entonces, ¡ten cuidado! El pecado está a la puerta, al acecho y ansioso por controlarte; pero tú debes dominarlo y ser su amo" (Génesis 4:7 NTV). Aquí van algunos avances de la historia: Caín no dominó su pecado, no pudo ni por un instante. El siguiente versículo dice: "Mientras estaban en el campo, Caín atacó a su hermano Abel y lo mató" (versículo 8).

Vemos con claridad que Caín no asesinó a su hermano por un acto de venganza. Lo asesinó porque Abel era obediente a Dios, lo cual enreda muchísimo la situación porque no se trataba de un conflicto personal. Aquí es donde puede verse la crueldad que causa envidiar a los demás, no está relacionada con conflictos personales. Al igual que sus padres en el jardín del Edén, Caín creyó la mentira de que Dios estaba en su contra y que obedecerlo era opcional.

Hacer lo que es correcto significa que primero debemos estar en buena comunión con el Señor. Experimentar la libertad de amar a nuestros hermanos y a quienes nos rodean requiere un arrepentimiento auténtico y la remoción completa de las raíces de la envidia. A pesar de la opinión popular, es posible dominar a la envidia que quiere entrar inadvertidamente por la puerta, y en nuestro lugar de trabajo y hasta en nuestras historias de Instagram. Todo lo que debemos hacer es dejar de fijar nuestra atención en lo que tienen los demás y buscar el contentamiento en lo que Dios nos da porque "serás aceptado si haces lo correcto".

ENFOQUE DE ORACIÓN

Tome un cuaderno y escriba todas las cosas con las que Dios ha bendecido su vida. Pase un tiempo agradeciéndole por cada una de esas bendiciones. Pida a Dios que lo ayude a eliminar toda raíz de envidia en su corazón y a cultivar el contentamiento. Ofrezca un sacrificio de alabanza por la vida que Él le ha dado.

DE AHORA EN ADELANTE

- Todos tenemos que lidiar con la envidia en algún grado. ¿En qué áreas tiene más dificultad?
- Supongamos que la envidia no lo lleva a cometer un asesinato en sí, pero ¿puede mencionar otras formas que han destruido o afectado negativamente sus relaciones?
- ¿Qué cosas buenas podría Dios pedirle a usted respecto a la envidia y el enojo?

DÍA 6

EL AMOR NO SE COMPORTA CON RUDEZA

[El amor] no se comporta con rudeza, no es egoísta, no se enoja fácilmente, no guarda rencor.

1 Corintios 13:5

Pareciera que cuando hablamos de amor nos volvemos extrañamente odiosos. La batalla sobre quién tiene la razón acerca de amar se ha intensificado de manera alarmante y ha traído consigo una avalancha de rudeza que resuena como un estruendo de tambores y címbalos metálicos.

De acuerdo con el mundo, lo único permanente en nuestra cultura de cambio continuo es la necesidad de amor. Al salir a buscarlo, nos sentimos con la libertad de cambiar de opinión, de identidad y nuestras verdades personales. Por otro lado, si no estamos dispuestos a aceptar las diferentes expresiones de amor, estamos rechazando la evolución de nuestra tolerancia y humanidad.

De acuerdo con la Biblia, lo único permanente en nuestra cultura de cambio continuo es la necesidad de Amor (¿se dio cuenta que lo escribimos diferente?). En Cristo, la verdad ha libertado nuestra mente y nuestra identidad. Por otro lado, si no estamos dispuestos a aceptar las diferentes expresiones del amor de Dios, estamos rechazando el crecimiento que va más allá de nuestra naturaleza humana.

Es suficiente decir que estamos hablando de dos clases diferentes de amor. Es irónico, si hiciéramos un mejor trabajo en dar lugar al amor *ágape* (el amor desinteresado que viene de Dios y que es Dios) para dar a conocer nuestro mensaje en cuanto al amor *eros* (el amor romántico o sexual), habría muchísimo menos algarabía y más personas podrían descubrir lo que su alma tanto anhela en verdad.

Sin importar lo que suceda a nuestro alrededor, la definición verdadera del amor no cambia, ni para los creyentes que se esfuerzan en que las Escrituras sean más aceptables y culturalmente relevantes, ni para los creyentes a quienes les gusta darle "bibliazos" a la gente en la cabeza. En cualquier caso, en el momento en que nuestras palabras se vuelven desdeñosas o corrosivas, también se convierten en estruendo de tambores y címbalos. Dado que el amor no es egoísta, rudo, irritable ni rencoroso, es posible que tengamos que dejar pasar por alto la mayoría de lo que vemos y oímos.

A decir verdad, no somos la primera generación que tiene esta dificultad. Pablo tuvo que tomar medidas enérgicas con la iglesia de Éfeso por las malas reacciones que tenían ante ciertos problemas. Eran incapaces de promover lo correcto en *la forma correcta*, lo cual era como un rótulo de fuertes luces neón que se iluminaban sobre su inmadurez espiritual. Pablo les dijo "al vivir la verdad con amor, creceremos hasta ser en todo como aquel que es la cabeza, es decir, Cristo" (Efesios 4:15 NVI).

También es la forma en la que presentamos a Cristo en el mundo.

Decir la verdad con amor *no* significa que seamos blandos en la moralidad o que esquivemos los problemas de nuestro tiempo. Eso está muy lejos de ser así. Significa que cuando participemos en diálogos que tengan un efecto profundo en los demás, no seremos ofensivos ni maleducados. Nuestra respuesta debe ir acompañada de paciencia y bondad porque así es como lo hace Dios. ¿Cómo podemos proclamar que somos sus representantes si nos negamos a demostrar la descripción de Dios con respecto a lo que es y lo que no es el amor?

Como en muchos otros asuntos, la batalla sobre el amor nos da una oportunidad increíble de crecer y de ser transformados. Anhelamos que nuestra libertad en Cristo pueda expresarse de muchas maneras que sobrepasen nuestra humanidad natural. Cuánto anhelamos decir la verdad en amor, en lugar de pelear acerca del amor. De hecho, esta es la única forma para vencer.

ENFOQUE DE ORACIÓN

Agradezca a Dios por el patrón que nos entregó en su Palabra respecto a cómo amar a los demás. Pida a Dios que lo perdone por toda arrogancia o rudeza que ha demostrado al expresar sus pensamientos o sentimientos. Alábelo por la oportunidad de conocer y confiar en el perfecto amor que Dios tiene para usted.

DE AHORA EN ADELANTE

- ¿Existen algunos temas con los que reacciona con rudeza o con arrogancia? ¿Cuáles son y por qué?
- Lea 1 Pedro 3:15-16. ¿Por qué debería estar preparado para dar una respuesta por la esperanza que usted tiene y cómo puede hablar de ella?
- Piense meticulosamente cómo ha de responder la próxima vez a una conversación desafiante que vuelva a surgir. Planifique con antelación y decida representar mejor al Amor.

DÍA 7

EL AMOR SE REGOCIJA CON LA VERDAD

El amor no se deleita en la maldad, sino que se regocija con la verdad.

1 CORINTIOS 13:6 NVI

El día que David escribió el Salmo 12, estaba cansado de la humanidad. Lamentaba que ya nadie era fiel, que todas las personas sinceras habían desaparecido de la raza humana, y que los que quedaban fueran hombres mentirosos. No podía soportarlo más, por lo que imploraba al Señor que cortara toda lengua jactanciosa (versículo 1-3).

Una de las mayores quejas de David era contra la adulación o lisonjería. Es un punto que llama la atención porque cuando uno piensa en todas las ocurrencias sin sentido que salen de la boca humana, tanto en tiempos pasados como presentes, la lisonjería no parece ser el peor elemento que ensucia este mundo. Entonces, ¿por qué los halagos falsos ocupan el primer lugar en su lista? Bien, pues se debe a que es una adulación que viene directamente del mal. Esa es la razón.

La adulación es en realidad la expresión de un corazón

corrupto cuyos motivos no son más que pura inmundicia. Eso era lo que molestaba a David. Él vio la realidad de los aduladores: personas hipócritas y persuasivas que arrojaban alabanzas para manipular y engañar a los que estaban a su alrededor. En el caso de David, él pudo ver cómo comunidades enteras eran explotadas. A la gente le arrebataban sus pertenencias, lo que hacía gemir a los necesitados (versículo 5). No sabemos con exactitud lo que ellos le decían a esta gente pobre, pero lo más probable es que fueron palabras agradables y lindas. Es posible que incluso mientras sus comunidades ardían en llamas, las masas oprimidas ondeaban sus manos para saludar a sus aduladores sin tener la más mínima idea de sus verdaderas intenciones.

La razón por la que la adulación es tan efectiva es porque nos gusta. Anhelamos que nos escuchen, que nos atiendan, que estén de acuerdo con nosotros. Debido a que la adulación pende de cada una de nuestras palabras, acaricia nuestro ego y confirma nuestros prejuicios, puede convertir colores sólidos como el negro y el blanco en un tono de gris sumamente atractivo. Los aduladores pueden manipular con las mentiras más encantadoras si las acompañan de algunos cumplidos y sonrisas simpáticas. Es difícil resistirse a la tentación de creer cada una de estas mentiras.

Precisamente por eso, nuestra repulsión debe ser la misma que sentía David. Las mentiras agradables destilan odio manipulador, tal como lo señaló el sabio hijo de David, Salomón, al decir que "la lengua mentirosa odia a sus víctimas; la boca lisonjera lleva a la ruina" (Proverbios 26:28 NVI).

Ya que el amor no se deleita en la maldad, sino que se regocija en la verdad, nuestro deber es discernir la diferencia entre ambas; es una tarea que ahora se ha vuelto sumamente difícil porque las mentiras nos llegan con la misma rapidez con la que desplazamos la pantalla con los pulgares. Todo se ha visto inundado por la facilidad de palabras y la adulación deshonesta, desde los anzuelos cibernéticos, pasando por las noticias falsas hasta llegar al falso evangelio, todo aparece a la velocidad del gigabyte. Incluso un adulador novato sabe cómo difuminar líneas y elaborar una versión más seductora de la realidad. Imagínese entonces el nivel de devastación que podrían cosechar los aduladores más infames.

Daniel profetizó acerca de este tema específico y de un gobernante mundial, malvado que surgirá en los últimos días. "Corromperá con halagos a los que hayan renegado del pacto, pero los que conozcan a su Dios se le opondrán con firmeza" (Daniel 11:32 NVI). El anticristo se expresará con adulaciones porque funciona. Se aprovechará de nuestros gustos humanos. Por lo tanto, para poder resistirlo, debemos conocer a Dios. Será la única manera para evitar el saqueo o caer en las llamas.

A pesar de lo que se explica y de toda la horrible suciedad sin sentido de nuestro mundo, la verdad *prevalecerá*, pero para ello, debemos tener la capacidad de reconocerla. Debemos resistir las palabras que se han diseñado para acariciar nuestro ego y para confirmar nuestros prejuicios y aferrarnos a las palabras que surgen del amor porque son las que vienen de Dios. Al hacerlo, estaremos protegidos y seremos preservados.

ENFOQUE DE ORACIÓN

Agradezca a Dios por la verdad que nos hace libres. Adórelo por su Palabra y por la capacidad que nos da para diferenciarla de la falsedad. Pida a Dios que revele toda información deshonesta que llegue a su vida, tanto la que recibe, como la que envía. Pida fortaleza para resistir la trampa de la falsa adulación.

DE AHORA EN ADELANTE

- ¿En qué maneras ha sido susceptible a la adulación?
- Mencione una (o dos) veces en las que usó la adulación para manipular una situación para su beneficio. ¿Se sintió culpable en el instante o menospreció la acción como algo sin importancia?
- Cuando surja alguna adulación, ¿cuál es una manera en la que pueda poner en práctica el versículo de "no se deleite en la maldad, sino que se regocije con la verdad"?

DÍA 8

EL AMOR CREE

[El amor] todo lo disculpa, todo lo cree, todo lo espera, todo lo soporta.

1 Corintios 13:7

Para cumplir con nuestro llamado, necesitamos a los demás. Así fue como Dios lo estableció. Las personas en las que confiamos, con las que soñamos, ante quienes nos confesamos y de quienes recibimos consejo crean un impacto en nuestra identidad. Las personas equivocadas pueden traer desastres y causar estragos en nuestra vida. Sin embargo, un amigo confiable nombrado por Dios puede ser suficiente para restaurar nuestra esperanza en la humanidad, que es precisamente el tipo de amistad que encontraron María y Elisabet entre ellas.

Era una combinación interesante. Nadie sobre la faz de la tierra hubiera escogido a alguna de ellas, mucho menos a las dos juntas, para desempeñar papeles fundamentales en la historia. Pero como Dios tiende a usar a la gente menos probable para su gloria maravillosa, eligió a una humilde virgen adolescente y a una mujer mayor y estéril para dar luz al plan de su nuevo pacto.

Un resumen rápido de cómo se creó este lazo: Elisabet y su esposo Zacarías no solo eran mayores, más bien eran "de edad avanzada" (Lucas 1:7). Por ello, suponemos que habían dejado de orar por un hijo muchas décadas antes de que el ángel Gabriel se apareciera ante Zacarías en el templo para anunciarle que Elisabet concebiría y tendría un hijo. Aunque las noticias eran maravillosas, la respuesta de Zacarías no fue así. Dudó de Gabriel (¿podemos culparlo?), por eso no pudo pronunciar palabra hasta después del nacimiento de Juan el bautista. Elisabet, por su lado, estaba muy entusiasmada. Sabía que el Señor estaba mostrando su favor sobre ella (Lucas 1:25).

Varios meses después, Gabriel se apareció a María, una joven comprometida. Le dijo que ella también concebiría y tendría un hijo, y que su nombre sería Jesús. Al tomar en cuenta que se trataba de una adolescente, podemos suponer que María tampoco había estado orado para tener un bebé. Confundida, pero obediente, María dijo: "Aquí tienes a la sierva del Señor. Que él haga conmigo como me has dicho" (Lucas 1:38 NVI). Aunque las noticias eran maravillosas, la respuesta de José no fue así. Dudó de María (¿podemos culparlo?) y empezó a planear una estrategia para dejarla en secreto. Sin embargo, el ángel Gabriel se le apareció y le dijo que permaneciera con ella (Mateo 1:18-21).

Con todo este torbellino de milagros, reacciones, pensamientos y emociones, tiene sentido que María corriera a la casa de Elisabet. Tenían TANTO de qué hablar. Tal vez esa fue la razón por la que Zacarías, en lugar de sordo o ciego, quedó mudo; de esta forma, las chicas podían procesar la información sin interrupciones. Claro que es broma, pero imaginemos lo que pudieron haber compartido a medida que hablaban de todo lo que el Señor estaba haciendo en ellas y para ellas, maravillas por las que nunca pensaron que podrían imaginar o pedir.

Con seguridad, pasaron momentos en donde la

responsabilidad y la incertidumbre de las circunstancias pesaban demasiado. En realidad, Gabriel no había sido muy específico. Las futuras mamás no tenían ni idea de cómo se desarrollarían las profecías o qué iban a sacrificar a lo largo de la travesía. Como podemos ver, una de ellas estaría presente en cada momento extraordinario antes de ver a su hijo cumplir dolorosamente su propósito. La otra no estaría. Ambos caminos eran difíciles. Ambos estaban cimentados en amor.

La disparidad de sus edades y de sus respectivos roles era algo de lo que María y Elisabet estaba muy conscientes. Las diferencias pudieron haberlas dividido, pero en lugar de ello, estas mujeres, quienes habían sido elegidas por Dios, decidieron proteger su amistad mientras perseveraban en su fe; porque eso es lo que hace el amor. Descubrieron en ellas un nombramiento divino, una amistad confiable que les permitió tener tres meses de confidencias, sueños, confesiones, consejería y oración. Sin duda, Dios configuró todo de este modo. Sabía que se necesitarían una a la otra para cumplir con sus llamados: dar a luz al plan del Nuevo Pacto que restauraría la esperanza para toda la humanidad.

ENFOQUE DE ORACIÓN

Agradezca a Dios por las personas confiables que ha puesto en su vida. Si Dios lo llama a desempeñar un nuevo rol, tendrá MUCHO qué procesar y orar en el camino. Pida al Señor que designe divinamente a los amigos con quienes usted puede perseverar en la fe y compartir su esperanza.

DE AHORA EN ADELANTE

- ¿En quién confía, con quién sueña, a quién confiesa y de quién recibe consejo? ¿Lo animan a representar y a conocer más de Jesús? O, ¿el aporte sobre usted tiende a causar estragos en su vida?
- Sin duda, es posible que no sea tan obvio como con María y con Elisabet, pero ¿comparte con otros abiertamente el favor del Señor y lo que Él está haciendo en usted y para usted?
- ¿En qué formas necesita crecer en el amor al proteger, conservar y proporcionar esperanza? ¿En qué áreas necesita confiar más o ser más confiable?

DÍA 9

LA RESPUESTA

Si ustedes me aman, obedecerán mis mandamientos.

JUAN 14:15

Si amamos a Jesús, obedeceremos sus mandamientos, en especial el mayor de todos que es: amar. Parece bastante sencillo hasta que conocemos los requisitos del amor bíblico. A ese punto, parece ser algo totalmente absurdo.

Desde Génesis hasta Apocalipsis recibimos todo tipo de leyes, decretos y estatutos acerca de amar a Dios y a los demás. En los versículos del amor que hemos visto en 1 Corintios 13, Pablo usó dieciséis características diferentes para explicar cómo debería demostrarse el amor. Dieciséis… ¡en *un* capítulo! Una lectura rápida es suficiente para exponer cuán malos somos al cumplirlas (¡anímese!, tómese un minuto y léalo). No es necesario mencionar que hemos recibido una tarea imposible, lo que significa que fallamos en amar de múltiples maneras y por múltiples razones.

Entonces, ¿cuál es la respuesta? ¿Cómo podemos amar en la forma que se espera que lo hagamos cuando somos naturalmente muy malos en ello? Bien, no podemos, no por nuestros propios medios. De ahí surge la necesidad por lo *sobre*natural, que quiere decir *Jesús*. La respuesta es Jesús. La respuesta siempre ha sido Jesús. La respuesta siempre será Jesús.

Con este pensamiento en mente, regresemos a las características que usó Pablo. Su lista de tareas imposibles describe con hermosura a Aquel que logra lo imposible. Lea todo el capítulo 13 y reemplace la palabra *amor* con la palabra *Jesús* (vamos, tómese un minuto y hágalo). Jesús es paciente, Jesús es bondadoso. Jesús no es envidioso ni jactancioso ni orgulloso. Y podemos seguir y seguir porque Pablo usó dieciséis características diferentes para explicar cuánto nos ama Jesús, ¡en un capítulo!

Tenemos múltiples formas y razones para amar porque lo conocemos y nos ha invitado a hacer lo imposible junto con Él y ¡ese el propósito de amor eterno! Solo Jesús puede hacer posible aquello que es totalmente absurdo.

De hecho, la única razón por la que somos capaces de amar a otros, aparte de a nosotros, es porque Dios nos amó primero (1 Juan 4:19). Cuando todavía éramos pecadores, Cristo murió por nosotros (Romanos 5:8). Y porque "si alguien reconoce que Jesús es el Hijo de Dios, Dios permanece en él y él en Dios. Y nosotros hemos llegado a saber y creer que Dios nos ama" (1 Juan 4:15-16).

Si todavía no está convencido, le dejamos más versículos:

Así manifestó Dios su amor entre nosotros: en que envió a su Hijo unigénito al mundo para que vivamos por medio de él. En esto consiste el amor: no en que hayamos amado a Dios, sino en que él nos amó y envió a su Hijo para que fuera ofrecido como sacrificio por el perdón de nuestros pecados. Queridos hermanos, ya que Dios nos ha amado así, también nosotros debemos amarnos los unos a los otros. Nadie ha visto jamás a Dios, pero, si nos amamos los unos a los otros, Dios permanece entre nosotros, y entre nosotros su amor se ha manifestado plenamente.

1 Juan 4:9-12 NVI

Ahora regrese y lea de nuevo el último párrafo, por lo menos unas cinco veces más (¡anímese!, tómese un minuto y léalo otra vez).

Desde Génesis hasta Apocalipsis, cada ley, decreto, estatuto, versículo y palabra trata del amor de Dios por su pueblo. Si correspondemos a su amor, obtenemos el privilegio de guardar sus mandamientos, en especial del más grande de ellos, que es el de amar. ¿Cómo? Jesús. La respuesta es Jesús. La respuesta siempre ha sido Jesús. La respuesta siempre será Jesús.

ENFOQUE DE ORACIÓN

Alabe a Dios porque la respuesta es sencilla, profunda, congruente, hermosa y eterna, siempre será Jesús. Vamos, hágalo al menos cinco veces más.

DE AHORA EN ADELANTE

- ¿Es difícil creer que puede amar con las dieciséis características que Pablo nos pide usar para amar? ¿Por qué sí o por qué no?
- ¿Escuchar "la respuesta siempre es Jesús" parece muy simple? (Si esa es su percepción, ciertamente, usted no es el único). Explique por qué lo cree.
- ¿De qué manera concentrar su atención en el amor de Jesús por usted podría ayudarle a amar más a los demás?

DÍA 10

EL QUE BUSCA LA GLORIA

¿Cómo va a ser posible que ustedes crean, si unos a otros se rinden gloria, pero no buscan la gloria que viene del Dios único?

JUAN 5:44 NVI

Tratar de probar que somos valiosos ante un mundo incapaz de apreciar el valor verdadero es un ejercicio inútil. Aun así, seguimos haciéndolo porque es parte intrínseca de nuestra naturaleza pecadora y la necesidad desesperada de recibir la aprobación de los hombres. Para nuestro ego frágil, el rechazo se siente como una muerte atroz y, por ello, terminamos matándonos a nosotros mismos al tratar de alcanzar un lugar respetable en nuestros pequeños mundos temporales.

El pequeño mundo de los fariseos se había edificado principalmente en el poder, el estatus y las normas. Para muchos de ellos, su sistema religioso era el medio por el cual recibían gran gloria, mientras que, al mismo tiempo, pisoteaban a los menos importantes. Humanamente hablando, les funcionaba muy bien. Debido a que ellos se tomaron el cargo de asignar el valor de los demás, no tenían dificultad en asegurarse del propio.

Es obvio que contradecir la evaluación de los fariseos implicaba un suicidio social y religioso, en especial para aquella persona que estuviera compitiendo por ganar un lugar en el sistema. Los que esperaban ser aceptados sabían cómo jugar según las reglas y mantener la boca cerrada.

Por otro lado, Jesús no se quedó callado, pues a Él no le importaba ser aceptado (Juan 5:41). Cuando condenó públicamente a los fariseos por su hipocresía y abuso de poder, todos los que alcanzaron a escucharlo pensaron que había perdido la razón. No podían entender que las razones de Él eran todo lo opuesto a las tendencias sumergidas en el pecado. Sin embargo, Jesús no estaba buscando la aprobación y tampoco necesitaba agradar a los demás. En lugar de ello, buscaba a los perdidos y empatizaba con los necesitados. Además, debido a que no usaba su autoridad para pisotear a nadie, incluso el más pequeño era libre de expresarse.

Para los fariseos, seguir a Jesús implicaba sacrificar la gloria por la que habían vivido, además de todos los años que pasaron matándose para lograr un cargo respetable dentro del sistema. Su estatus social se iría en picada y serían iguales a aquellos que habían llegado a considerar menos que ellos, razón por la que los pocos líderes que *sí* creyeron en Jesús se quedaron callados. "Sin embargo, muchos de ellos, incluso muchos de los jefes, creyeron en él, pero no lo confesaban porque temían que los fariseos los expulsaran de la sinagoga. Preferían recibir honores de los hombres más que de parte de Dios" (Juan 12:42-43 NVI).

No puede sobreestimarse la magnitud de esta tragedia. Eran hombres que habían pasado toda su vida estudiando la Palabra de Dios y que rechazaron voluntariamente al Hijo por temor a lo que sus compañeros pudieran decir o hacer. Eligieron su sistema de autoindulgencia por encima de una fe que da vida por esta única razón: dependían de los elogios de los hombres.

La verdad es que cada uno de nosotros también enfrenta el mismo dilema. Podemos seguir intentando probar que somos valiosos ante un mundo incapaz de asignar un valor real o podemos buscar la gloria que viene de Dios. Por cierto, el resultado de lo primero es una muerte mucho más atroz que el rechazo, mientras que lo segundo nos lleva a la vida y a conocer lo que significa ser valorados en verdad.

ENFOQUE DE ORACIÓN

Ore para seguir buscando la gloria que viene de Dios en lugar de la aceptación y los elogios que vienen de otras personas. Pida a Dios que le muestre en qué punto se interpone su ego para evitar una conexión más profunda con Él y arrepiéntase de ello. Dé gracias a Dios por Jesús, pues por medio de Él ahora conoce su valor verdadero.

DE AHORA EN ADELANTE

- Mateo 10:32-33 dice: "A cualquiera que me reconozca delante de los demás, yo también lo reconoceré delante de mi Padre que está en el cielo. Pero a cualquier que me desconozca delante de los demás, yo también lo desconoceré delante de mi Padre que está en el cielo". ¿Ha pasado por momentos en los que negó a Jesús por temor a ser rechazado? Describa estas circunstancias.

- ¿Cómo ha tratado de probar que es valioso ante un mundo incapaz de asignar un valor real (amigos, familia, deportes, educación, trabajo, redes sociales, tal vez todas las anteriores)?
- ¿Ha pasado por algún momento en el que fue fiel a Jesús y enfrentó las consecuencias del rechazo? ¿Cuál fue el resultado y cómo le afectó?

DÍA 11

UNA BÚSQUEDA SINCERA

Uno de los maestros de la ley se acercó y los oyó discutiendo. Al ver lo bien que Jesús les había contestado, le preguntó: "De todos los mandamientos, ¿cuál es el más importante?". "El más importante es: 'Oye, Israel. El Señor nuestro Dios es el único Señor'", contestó Jesús. "Ama al Señor tu Dios con todo tu corazón, con toda tu alma, con toda tu mente y con todas tus fuerzas". El segundo es: "Ama a tu prójimo como a ti mismo". No hay otro mandamiento más importante que estos.

Marcos 12:28-31

Nadie que hace preguntas con el propósito de justificar su pecado aceptará respuestas verdaderas a ellas. Esa es una de las razones que frustran las conversaciones. Lo vemos una y otra vez a lo largo de los evangelios. Por un buen tiempo, los líderes religiosos se empeñaron en atraparlo con todo tipo de preguntas con las que buscaban justificarse. Obviamente, su falta de sinceridad nunca funcionó a su favor.

En una ocasión, los saduceos (quienes no creían en la eternidad) preguntaron a Jesús cómo funcionaba el matrimonio en el cielo (Marcos 12:18-23). No les interesaba instruirse, ni que los convencieran de algo. Lo que querían era hacer tropezar a Jesús y tener una excusa para su incredulidad. Jesús no se anduvo con rodeos y les dijo: "¿Acaso no andan ustedes equivocados? —les replicó Jesús—. ¡Es que desconocen las Escrituras y el poder de Dios!". Y entonces, a pesar de la falta de sinceridad en su pregunta, Él lleno de gracia les explicó: "Cuando resuciten los muertos, no se casarán ni serán dados en casamiento, sino que serán como los ángeles que están en el cielo" (Marcos 12:24-25 NVI).

Usted pensaría que los saduceos iban a llenarse de alegría al escuchar la frase del cielo. Debieron haber clamado: "¡Gloria a Dios por nuestra ignorancia acerca de algo tan importante!", pero en cambio, odiaron más a Jesús porque no confirmó su prejuicio. En pocas palabras, la conclusión de los saduceos era que Jesús se equivocaba porque no les gustó cómo les respondió. Por su parte, la conclusión de Jesús era que los saduceos se equivocaban porque no entendían lo que Dios tenía que decir.

Después de escuchar el escándalo, así como las sorprendentes respuestas de Jesús, un escriba honesto le preguntó cuál era el mandamiento más importante. Y aquí es donde se asoma un momento histórico, pues en unas cuantas oraciones simples, la trampa que colocaron los saduceos se convirtió en doctrina para los creyentes verdaderos: amar a Dios con cada fibra de su ser y amar a quienes son parte de su creación.

Tener un corazón sincero marca una enorme diferencia al buscar la verdad, por lo que los antiguos líderes religiosos se vuelven un simple cuento con moraleja. Su deseo de mantener sus propias ideas y su autonomía, así como su propio pecado, les hizo perderse completamente de la verdad, a pesar de su gran anhelo por externar sus preguntas.

La buena noticia es que cuanto más intensa sea nuestra respuesta de buscar, escuchar a Jesús y obedecer la Palabra de Dios, más lo amaremos en verdad. Y cuanto más lo amamos, menos propensos estaremos a escuchar nuestras viejas ideas y a justificar el pecado. En cambio, anhelaremos más instrucción y más convicción, una y otra vez. Y gritaremos ¡aleluya! por ello, porque lo que menos queremos en el mundo es estar equivocados acerca de algo tan importante.

ENFOQUE DE ORACIÓN

Ore por medio del mandamiento más importante (Mateo 22:37-40). Pida a Dios que lo ayude a amarlo con todo su corazón, alma y mente, y que lo ayude a amar a los demás como a sí mismo. Pida que le revele esa área de su vida en la que necesita aprender algo nuevo y pida humildad para escuchar y aceptar esa enseñanza. Ore para que su amor por Dios sea el que conduzca su reacción ante lo que Dios tenga que decir.

DE AHORA EN ADELANTE

- ¿Alguna vez ha hecho preguntas sobre la fe con razones egoístas o con falta de sinceridad? ¿Cuáles fueron esas preguntas? ¿Qué pecado o incredulidad estaba tratando de justificar?
- En la travesía de su fe, ¿cuál ha sido el obstáculo más grande que ha enfrentado al tratar de profundizar su

relación con Jesús? ¿Podría ser no conocer las Escrituras o no obedecer las Escrituras que sí conoce?

- o En una escala del 1 al 10, ¿qué tanto anhela la instrucción o la convicción de la verdad de Dios, de manera que pueda amar de la manera que Él quiere que usted ame?

Sanidades y otras tales...

DÍA 12

OJOS QUE VEN

"A su paso, Jesús vio a un hombre que era ciego de nacimiento. Y sus discípulos le preguntaron: —Rabí, para que este hombre haya nacido ciego, ¿quién pecó, él o sus padres? —Ni él pecó, ni sus padres —respondió Jesús—, sino que esto sucedió para que la obra de Dios se hiciera evidente en su vida".

JUAN 9:1-3 NVI

En una cultura en donde todo lo malo se atribuye a las faltas de alguien más, un sufrimiento sin culpa se vuelve un contrasentido. Si alguien sufría es porque lo merecía. No solo se trataba de su muy deprimente sistema de creencias parecido al karma, sino que también dejaba de lado una lección importante: la manera en que Dios obra.

Si los discípulos se hubieran tomado cinco segundos para desechar la ideología religiosa de ese tiempo y recordar la historia de Job o de otro personaje que hubiera sufrido en el Antiguo Testamento, no habrían abierto la boca. Pero como las creencias trilladas se interponen para evitar una teología respetable, dejaron salir la insensata pregunta acerca del muchacho ciego.

Es irónico, pero los amigos de Job actuaron de la misma manera. Después de ver que Job se rascaba las llagas y lloraba con amargura por la pérdida de sus hijos y su hogar, se sentaron en silencio a su lado para después culparlo sin reservas en cada punto de su sufrimiento. Era demasiado. Y es que nadie sufre lo que Job sufrió, a menos que sea culpable de algún pecado indignante, ¿no es verdad?

Claro está que los amigos de Job no tenían ni idea de lo que sucedía en el reino celestial entre Dios y Satanás (Job 2). Desconocían que toda la situación era una prueba que apuntaba a la rectitud de Job. En otras palabras, Job no había cometido *ni una sola* equivocación, como tampoco lo había hecho el joven ciego. Las adversidades que padecieron no tenían relación con el karma, pero sí con el rescate de Dios y su máxima gloria, pues los dos escenarios de sufrimiento eran útiles para el mismo propósito: demostrar las obras del Todopoderoso.

Y así fue.

Sin embargo, aunque una sanidad física siempre es significativa, restaurar la vista de este hombre no era la cúspide de la historia, pues poco después en la historia Jesús le preguntó: "¿Crees en el Hijo del hombre? —¿Quién es, Señor? Dímelo, para que crea en él. —Pues ya lo has visto —le contestó Jesús—; es el que está hablando contigo. —Creo, Señor —declaró el hombre. Y, postrándose, lo adoró" (Juan 9:35-38).

El hombre vio y creyó en el Mesías que lo había liberado. *Ahí* está la cúspide de la historia.

Job, aunque no era ciego, experimentó lo mismo. Después de tener una larga plática con Dios acerca de su época de sufrimiento, esta fue su conclusión: "De oídas había oído hablar de ti, pero ahora te veo con mis propios ojos" (Job 42:5).

La capacidad de ver a Dios es la cúspide en el testimonio de toda persona. Este es un tema que también encontramos en toda la Escritura, aunque casi nunca sucede durante circunstancias fáciles ni tampoco en situaciones un tanto cómodas. Sucede con más frecuencia en medio de la adversidad y el sufrimiento. El profeta Isaías lo declaró de esta manera: "Aunque el Señor te dé pan de adversidad y agua de aflicción, tu Maestro no se esconderá más; con tus propios ojos lo verás" (Isaías 30:20).

Cuando logramos ver todo lo malo a través de los lentes de la obra poderosa de Dios, nos damos cuenta de cuán insensatos pueden llegar a ser los sistemas de creencias culturales y las ideologías religiosas trilladas. Esto nos permite tener una visión más clara de quién es Dios, y entonces, así como Job, podemos llegar a decir con gratitud: "De oídas había oído hablar de ti, pero ahora te veo con mis propios ojos".

Así como lo hizo el hombre que recibió sanidad de la ceguera, declaremos con entusiasmo: "¡Creo, Señor!".

ENFOQUE DE ORACIÓN

Agradezca a Dios, quien lo buscó para hacerlo libre. Adórelo por sus obras de sanidad y liberación que hace en toda época y que permiten el nacimiento y la reafirmación de la fe en sus seguidores. Pregúntele cómo su sufrimiento actual puede abrir sus ojos por completo para que vea quién es Él y cómo obra en su vida.

DE AHORA EN ADELANTE

- ¿Le resulta difícil creer que el sufrimiento no se debe a la culpa de alguien? ¿Por qué sí o por qué no?
- Las creencias trilladas se interponen para evitar una teología respetable. ¿Qué creencias falsas ha tenido? ¿De qué manera lo ha estado cambiando la verdad?
- ¿Qué sufrimiento ha usado Dios para traer una sanidad profunda y una liberación verdadera a su vida?

DÍA 13

LA CUESTIÓN DEL TIEMPO

Mientras él le decía esto, un dirigente judío llegó, se arrodilló delante de él y le dijo: —Mi hija acaba de morir. Pero ven y pon tu mano sobre ella y vivirá. Jesús se levantó y se fue con él, acompañado de sus discípulos. [...] Cuando Jesús entró en la casa del dirigente y vio a los flautistas y el alboroto de la gente, les dijo: —Váyanse. La niña no está muerta, sino dormida. Entonces empezaron a burlarse de él. Pero cuando se les hizo salir, entró él, tomó de la mano a la niña, y esta se levantó. La noticia se divulgó por toda aquella región.

MATEO 9:18-19, 23-26 NVI

"No está muerta, sino dormida". Las palabras de Jesús probaron ser verdad casi de inmediato cuando regresó a la vida a la niña. ¡Todo lo que tenía que hacer el dirigente judío (es decir, el aterrado y afligido padre) era pedirlo! De inmediato, Jesús detuvo lo que estaba haciendo y se acercó al lado de la cama de la amada niña en donde la tomó de la mano y ella se levantó. La fe de su padre era una fe firme y, sin duda, muchas personas decidieron seguir a Jesús después de que las noticias del milagro se esparcieran en la región como si fuera un incendio en un bosque, tal vez incluso llegó mucho más lejos de aquella región.

Lo que bien empieza, bien acaba.

Pero eso no es tan cierto, pues ¿qué pasaba con los otros padres del área cuyos hijos habían fallecido o estaban por morir? ¿o qué pasaba con aquellos niños que durante las distintas eras de la historia lucharon contra la enfermedad y perdieron? ¿Qué hay de los padres que ahora mismo están al lado de esas camas sosteniendo las manitas de sus pequeños, mientras le ruegan a Dios que los visite y los sane? ¿Qué hay de todas esas veces en las que no lo ha hecho?

Para la mayoría, estas sanidades milagrosas son escasas y poco frecuentes, lo que plantea una pregunta que pareciera irreverente y un tanto (seamos honestos) resentida: en realidad, ¿qué se supone que aprendemos de esta historia?

Hay un par de cosas que aprender, porque la verdad es que:

1. Jesús siempre, siempre viene cuando lo invitamos.

"Mira que estoy a la puerta y llamo. Si alguno oye mi voz y abre la puerta, entraré, y cenaré con él, y él conmigo".

APOCALIPSIS 3:20 NVI

2. Todo aquel cuyo destino es el cielo recibe sanidad. Solo es cuestión de tiempo.

"Él les enjugará toda lágrima de los ojos. Ya no habrá muerte, ni llanto, ni lamento ni dolor, porque las primeras cosas han dejado de existir".

APOCALIPSIS 21:4 NVI

3. Dios sostiene nuestra mano mientras esperamos que el cielo venga a nuestro encuentro.

Porque yo soy el Señor, tu Dios, que sostiene tu mano derecha; yo soy quien te dice: "No temas, yo te ayudaré".

ISAÍAS 41:13 NVI

Desafortunadamente, la mayoría solo queremos el milagro que pudiera detener el sufrimiento, y al querer esto, la presencia y las promesas de Dios se relegan como si fuera un premio de consolación. Sin duda, tener a su hija de vuelta trajo un gozo indescriptible para estos padres que, de lo contrario, se habrían quedado con el corazón destruido, pero con esto, Jesús no estaba estableciendo un precedente para la forma en la que responde a nuestras peticiones. Pedir es bueno y es correcto, además, eso es lo que se nos dice que hagamos (Filipenses 4:6-7). Se supone que derramemos nuestro corazón ante el Señor en oración y Él nos encontrará ahí, nos consolará y dará fortaleza para permitirnos seguir adelante. Sin embargo, por razones que solo Dios (el sabio, amoroso y omnisciente Dios del universo) conoce, muy pocas personas tienen la oportunidad de recibir milagros como este, aunque muchos incluyen esta petición en sus oraciones.

Ahora bien, en ese momento notable, Jesús sentó el precedente de lo que recibirían sus seguidores. Así como se levantó esta preciosa niña, así se levantarán los que estén en Cristo. Jesús dijo: "Yo soy la resurrección y la vida. El que cree en mí vivirá, aunque muera, y todo aquel que vive y cree en mí no morirá jamás" (Juan 11: 25-26 NVI).

Solo es cuestión de tiempo.

ENFOQUE DE ORACIÓN

Agradezca a Dios por su presencia en medio del sufrimiento. Agradezca que ha prometido estar con usted, sostenerlo de la mano y ayudarlo a soportar todo el camino hacia el cielo. Pídale por aquellas situaciones que se sienten pesadas en su corazón. Dios ya sabe lo que usted quiere, pero lo invita a ser franco, verdadero, a ser sincero en oración cuando está ante Él. Luego, pídale que agrande su fe y que le dé la capacidad para esperar el momento que Él decida.

DE AHORA EN ADELANTE

- Subraye Malaquías 3:6, Salmo 77:14 y Hebreos 13:8 en su Biblia y escriba esto al margen: Dios no cambia. Dios es (¡sigue siendo!) el Dios de milagros. (Sí, está totalmente permitido escribir en su Biblia).
- ¿Qué respuestas sobrenaturales ha recibido para sus peticiones a lo largo de su vida?
- ¿Qué milagros sigue esperando y cómo las promesas del cielo cambian la forma en la que espera?

DÍA 14

LA DESESPERACIÓN

En esto, una mujer que hacía doce años que padecía de hemorragias se le acercó por detrás y le tocó el borde del manto. Pensaba: "Si al menos logro tocar su manto, quedaré sana". Jesús se dio vuelta, la vio y le dijo: —¡Ánimo, hija! Tu fe te ha sanado. Y la mujer quedó sana en aquel momento.

Mateo 9:20-22 NVI

Doce años. *Doce.* DO-CE. Piense en esa cantidad de tiempo.

Una hemorragia constante, durante un tiempo tan prolongado (sin intención de exagerar) probablemente provocaba muchos otros problemas como fatiga, sofocamiento, palidez o ictericia, mareos, desmayos o anomalías cardiacas. El sangrado tal vez tenía origen en una afección subyacente que podría darse desde un desequilibrio hormonal hasta una disfunción de la tiroides, o incluso el cáncer, solo por mencionar unas cuantas. Esto significa que algún otro padecimiento terrible estaba latente debajo de la superficie.

Entonces, la situación era urgente y no solo por el deterioro físico de esta pobre mujer. No cabe duda de que también estaba deteriorada en lo emocional, en especial al tomar en cuenta que era una mujer judía que vivía según la ley levítica del primer siglo, la cual consideraba impuras a las mujeres durante su menstruación. En el mundo antiguo, la comprensión sobre microbios y virus era poca, y los tratamientos médicos eran aún escasos y costosos. No obstante, *sí* sabían que las enfermedades podían trasmitirse por medio de la sangre y otras secreciones corporales. Por esta razón, para que una mujer estuviera segura durante su menstruación, lo mejor era estar en cuarentena de siete días con el debido cuidado para protegerse ella, su familia y su comunidad.

Después del resumen anterior entendemos que la mujer con la hemorragia estaba desesperada y era muy probable que estuviera sola en su aflicción. Justo en ese momento se encontró con Jesús.

¡Ay, solo de pensar en el dolor que la empujó a salir de su aislamiento para aventurarse entre la multitud ese día! Sin duda había visitado a muchos doctores y había elevado muchas oraciones pidiendo por su sanidad. Sin duda, su esperanza (¡y su fe!) había declinado después de que nada ni nadie podía ayudarla. Probablemente, su desaparición también había impactado de manera trágica a sus seres queridos. Y sin duda, este predicador ambulante, que levantaba rumores de que sanaba milagrosamente, era su último esfuerzo desesperado para recibir redención.

En caso de que pensemos que no tenemos nada en común con el predicamento de esta mujer, nos equivocamos al cien por ciento, porque aunque sus circunstancias eran muy específicas, el tema alrededor es universal: la desesperación nos lleva a Jesús. Dios permite que las dificultades *duren el tiempo preciso y necesario* para llevarnos a Él, para arrancarnos de la dependencia de nosotros mismos y de otras personas para que dependamos absolutamente de Él, para aprender que nada ni nadie puede hacer por nosotros lo que Él puede hacer y para prepararnos para lo que Él sabe que se nos aproxima.

La desesperación nos conduce a Jesús.

Y esa desesperación es la que nos hace aferrarnos a Él continuamente.

Quién sabe si la mujer con la hemorragia hubiera buscado a Jesús ese triste, pero célebre día si no hubiera sido por su afección. Muchas personas no salieron, se quedaron en casa. Otros retomaron sus rutinas en cuanto Él pasó, así como lo hace la gente regularmente, pero no fue así con la mujer que padecía las hemorragias. Había encontrado a Jesús y después de ese momento, nada fue igual. Su desesperación la llevó a Jesús y es muy probable que la mantuvo firme en su camino al cielo, en donde ya no existirá la desesperación.

ENFOQUE DE ORACIÓN

No importa cuán buena puede parecer nuestra teología sobre el sufrimiento, nadie quiere sufrir. Acérquese con honestidad ante Dios y dígale que anhela ser libre de la desesperación. Pídale sanidad, ayuda y fortaleza para perseverar. Mientras espera por esa liberación (ya sea que venga mientras esté en la tierra o cuando llegue al cielo), pídale a Dios que use eso de lo que anhela librarse para su bien máximo y para la gloria de Dios. *Señor, no permitas que esta dificultad se desperdicie.*

DE AHORA EN ADELANTE

- ¿Cuál es su desesperación?
- ¿En qué manera Dios ya ha usado su dolor para su propio bien?
- Lea el Salmo 23 y medite sobre cómo la bondad y misericordia de Dios lo han seguido, incluso, y especialmente, en los peores días de su vida.

DÍA 15

SÍ, SEÑOR

Al irse Jesús de allí, dos ciegos lo siguieron, gritándole: —¡Ten compasión de nosotros, Hijo de David! Cuando entró en la casa, se le acercaron los ciegos, y él les preguntó: —¿Creen que puedo sanarlos? —Sí, Señor —le respondieron. Entonces les tocó los ojos y les dijo: —Que se haga con ustedes conforme a su fe. Y recobraron la vista. Jesús les advirtió con firmeza: —Asegúrense de que nadie se entere de esto. Pero ellos salieron para divulgar por toda aquella región la noticia acerca de Jesús.

Mateo 9:27-31

Que dos hombres ciegos fueran gritando y clamando detrás de Jesús cuando Él caminaba en la ciudad era motivo para crear un alboroto. Sin duda la notoriedad de sus voces llamaba la atención de la gente, pero también fue por lo que decían, pues la frase "Hijo de David" era un título mesiánico dado a Aquel que llegaría a cumplir cientos de profecías del Antiguo Testamento, incluso que había nacido del linaje del rey David, para rescatar y redimir a la nación de Israel. Por ello, llamar a Jesús el Hijo de David era como anunciar a todo aquel que podía escuchar, que la atracción que hacía milagros también era el Salvador del mundo.

"¿Creen que puedo sanarlos? —Sí, Señor —le respondieron".

A este punto, los hombres ya habían estado gritando la respuesta a la pregunta desde varias cuadras atrás en el pueblo. Sin embargo, Jesús les vuelve a dar la oportunidad de expresarse, aunque ya lo habían dicho y esta vez, en una forma que pudiera cambiar la vida de ellos y la de nosotros (avanzar mucho más allá de la *petición* que nos permita rendirnos a Jesús cuando lo llamamos Señor).

Llamar a alguien *señor* es un reconocimiento de autoridad de esa persona, a la vez que es el reconocimiento de la propia *carencia* de autoridad, porque la humanidad no puede controlarlo todo y estos ciegos que vivían en el primer siglo lo sabían mejor que nadie. No podían trabajar ni tampoco mantener una familia. Los juzgaban con dureza, e incluso los culpaban por su afección, porque por lo regular, se creía que la ceguera era un castigo del pecado. Otros los miraban por encima del hombro, se sentían inútiles y quizás se sentían desesperanzados. Pero esa enorme carencia fue la que los condujo al único que no tienen ninguna carencia. Los llevó al Señor.

Aunque la mayoría de nosotros no enfrentaremos la dificultad de una ceguera física, muchos sufrimos de una ceguera espiritual y de la necesidad desesperada de recibir sanidad sobre esa ceguera. Por eso, las Escrituras nos hablan de hacer a Jesús el Señor de nuestra vida y dejar nuestra esperanza en Él. Debemos creer que Él sí puede hacer por nosotros lo que nadie más puede hacer; también debemos tener fe en que su poder nos permitirá ver. "También sabemos que el Hijo de Dios ha venido y nos ha dado entendimiento para que conozcamos al Dios verdadero. Y estamos con el Verdadero, con su Hijo Jesucristo. Este es el Dios verdadero y la vida eterna" (1 Juan 5:20).

"Que se haga con ustedes conforme a su fe".

Dejemos en claro que no se trataba de que estos hombres tuvieran una fe *impresionante*. Al contrario, eran seres rústicos, sin experiencia, desagradables, incluso exigentes e inmaduros en cuando a su comprensión de cómo era una relación con el Salvador. Sin embargo, al tener como solución la desesperación que sentían combinada con su fe en Jesús, los colocaba en el mismo lugar con Aquel que podía cambiarlo todo.

Y entonces, Jesús obró.

ENFOQUE DE ORACIÓN

Derrame su corazón ante el único que tiene el poder para cambiar sus circunstancias, con completa conciencia de que Él no se ofende ni se desalienta con su tosquedad. Reconozca la impotencia en su vida y el poder en Jesús. Confiese con su boca que Jesús es el Señor, confíeselo sobre su corazón, sus circunstancias y sobre el mundo entero. Agradézcale por esas carencias que los han llevado ante Él.

DE AHORA EN ADELANTE

- ¿Cuáles son las áreas con mayor necesidad en su vida en este momento?
- Seguir a Jesús incluye darle el control a Él. ¿En qué manera sigue intentando retener el control, en especial sobre las dificultades y los temores?

o Lea Proverbios 3:5-6 y tómese un tiempo para reconocer a Jesús como Señor sobre su necesidad: *Señor, estás en control de… eres más poderoso que… tú sostienes mi vida por lo que mi dificultad y lo que amo están en tus manos.*

DÍA 16

DE MODO QUE...

Jesús recorría todos los pueblos y aldeas enseñando en las sinagogas, anunciando las buenas nuevas del reino, y sanando toda enfermedad y toda dolencia.

MATEO 9:35

Tal vez pensamos que esta gira de sanidad se trataba *solo* de los milagros, pero no fue así, sino que también era para enseñar, pues Jesús dedicaba mucho de su tiempo a la enseñanza. Esto trae un dilema: sanar *toda enfermedad y toda dolencia* tiende a robarse el espectáculo y no es que sea un problema serio, porque cada milagro (o falta de milagro) es útil para un propósito mayor. Pero recapitulemos porque antes de la fuerte ola de sanidades que nos llevó a preguntarnos: *¿por qué ellos y no [ponga el nombre aquí]?*, hubo un paralítico, un techo y una explicación muy clara de por qué Jesús hacía lo que hacía.

Entonces llegaron cuatro hombres que le llevaban un paralítico. Como no podían acercarlo a Jesús por causa de la multitud, quitaron parte del techo encima de donde estaba Jesús y, luego de hacer una abertura, bajaron la camilla en la que estaba acostado el paralítico. Al ver Jesús la fe de ellos, le dijo al paralítico:

—Hijo, tus pecados quedan perdonados. Estaban sentados allí

algunos maestros de la ley, que pensaban: "¿Por qué habla este así? ¡Está blasfemando! ¿Quién puede perdonar pecados sino solo Dios?" En ese mismo instante supo Jesús en su espíritu que esto era lo que estaban pensando. —¿Por qué razonan así? —les dijo—. ¿Qué es más fácil, decirle al paralítico: "Tus pecados son perdonados", o decirle: "Levántate, toma tu camilla y anda"? Pues para que sepan que el Hijo del hombre tiene autoridad en la tierra para perdonar pecados —se dirigió entonces al paralítico—: A ti te digo, levántate, toma tu camilla y vete a tu casa. Él se levantó, tomó su camilla en seguida y salió caminando a la vista de todos. Ellos se quedaron asombrados y comenzaron a alabar a Dios. —Jamás habíamos visto cosa igual —decían.

MARCOS 2:3-13

La reputación de Jesús por sus milagros lo precedía a todo lugar al que iba y por esa razón estos hombres trajeron a su amigo. Pero en lugar de curar inmediatamente al paralítico, Jesús primero lo perdonó; y así se encendió la llama que provocó un incendio porque solo Dios puede perdonar los pecados. Por cierto, Dios es el único que puede sanar cada enfermedad y cada aflicción, pero su afirmación cambiaba todo porque cuando Jesús era *solo* un sanador, la gente era libre de ir a donde quisiera. PERO, si Jesús era Dios en un cuerpo físico, bueno... eso necesitaba otro tipo de respuesta, para eso se tenía que reconocer su autoridad, someterse a Él y cambiar de vida por completo.

A decir verdad, es mucho más fácil solo tratar de conseguir lo que queremos sin rendir cuentas de lo que sabemos. Pero como Jesús dijo, los milagros probaban su identidad y apuntaban a una esperanza incluso mayor que la sanidad terrenal: (1) el perdón de los pecados, (2) una relación restaurada con nuestro Creador, y (3) disfrutar de una eternidad libre de dolor y de ataduras. Jesús sanó los cuerpos para demostrar su capacidad de sanar el área espiritual y para salvar las almas (Gálatas 5:1). *Este* era el propósito. Así realizó las sanidades, para que las personas de ese tiempo y las de ahora puedan regresar a ese momento y puedan conocer la verdad por siempre. Jesús vino a salvar nuestra alma porque tiene la autoridad para salvarla, ya sea que elija sanar nuestro cuerpo terrenal, o no.

ENFOQUE DE ORACIÓN

Agradezca a Dios por enviar a Jesús para que pudiéramos conocerlo, creer y reconciliarnos con Él. Dé gracias por aquello que surge en su vida y provoca que lo busque: el dolor y las dificultades revelan su necesidad de algo y alguien mucho más grande. Pídale que lo ayude a responderle con todo su corazón, de modo que el tiempo que le quede en esta tierra, lo pase siguiéndolo y obedeciéndolo.

DE AHORA EN ADELANTE

- Lea Filipenses 2:5-11, ¿qué conoce de Jesús?
- En las instrucciones que daba a los discípulos podemos ver el gran propósito que tenía al hacer milagros: atraer gente a Él y salvar las almas perdidas. Al saber esto, ¿cómo cambia su perspectiva en cuanto al propósito de sanar o al de cualquier otra carencia?

- o Entre las personas que conoce, ¿hay alguien que necesite a Jesús, y de qué formas puede ayudar a esa persona a venir a Jesús?

DÍA 17

EN EL CAMPO

"La cosecha es abundante, pero son pocos los obreros —les dijo a sus discípulos—. Pídanle, por tanto, al Señor de la cosecha que envíe obreros a su campo".

MATEO 9:37-38

Cuando Jesús caminó entre las multitudes, vio más que solo rostros sucios y cuerpos quebrantados. Vio su obra, las obras de arte que Él había tejido y conformado en los vientres de las madres y en lo más recóndito (Salmo 139:13-15). Vio la imagen y la gloria de Dios (1 Corintios 11:7). Cuando Jesús habló de la cosecha abundante y de que se necesitaban obreros para cosechar los campos de almas perdidas, hablaba desde su íntimo conocimiento y su inagotable compasión.

Hasta ese momento, Jesús era el único punto de comunicación entre las masas necesitadas y Dios padre. Los doce hombres que apenas entendían una buena parte de las enseñanzas de Jesús eran los que iban a ser enviados a trabajar los campos, es decir, estaban a punto de convertirse en vasijas por medio de las cuales Él sanaría al enfermo, levantaría al fallecido, limpiaría al leproso y echaría fuera demonios (Mateo 10:8).

¿Estaban preparados para tal misión?

No, ni siquiera un poco, por lo que Jesús les dice que

primero, pidan al Padre que envíe más obreros. Lo que indica con esta declaración es lo que había estado enseñando desde un principio: que todo tiene un debido orden. Todo lo relacionado con las cosechas de los campos empieza con orar al Padre porque los campos le pertenecen. Él es Señor sobre todo y solo Él puede redimir su obra y restaurar aquello que está quebrantado.

En otras palabras, si el Señor no envía los obreros, el trabajo será en vano (Salmo 127:1). Dado que nadie quiere trabajar en vano, vale la pena preguntar: *¿A quién envía el Padre?* Si lo explicamos de forma simple, Él envía a quienes conocen a su Hijo. No tienen que ser personas de renombre, ni personas con títulos académicos que quieran controlar, dominar o impresionar con su conocimiento bíblico; por lo regular, este tipo de personas suele enviarse a sí misma. En lugar de ello, Dios envía obreros que han pasado por una trasformación radical al caminar en humildad con Jesús. Gracias a esa sencillez, a quienes se les confía la obra del Padre que trasforma vidas, a menudo es a los discípulos más humildes.

Esto nos lleva a la segunda parte del tema de las cosechas: enviar a los obreros. Cuando el Padre dio luz verde para enviarlos, Jesús convocó a los discípulos y les "dio autoridad para expulsar a los espíritus malignos y sanar toda enfermedad y dolencia" (Mateo 10:1). Entonces, estos doce hombres que apenas entendían una buena parte de las enseñanzas de Jesús se volvieron conductos de su íntimo conocimiento y de su inagotable compasión. Se llenaron de valentía y predicaron en su nombre, sanaron con su autoridad y cosecharon un campo de almas perdidas.

Como los discípulos, muchos de nosotros no somos de renombre ni tenemos títulos académicos, tampoco entendemos todo acerca de la cosecha. Sin embargo, el campo le pertenece al Señor y no nos ha llamado a trabajar bajo la presión de destacar, nos ha llamado a trabajar bajo la autoridad de Dios. Cada persona que encontramos es su creación es la obra maestra que tejió a su imagen y para su gloria. Nosotros somos sus manos y sus pies, somos vasijas enviadas para predicar, sanar y cambiar la vida de otros en el nombre de Jesús y por medio de su poder.

ENFOQUE DE ORACIÓN

Este enfoque está más que claro. Pida al Señor de la cosccha que envíe más obreros a su campo. ¡Pida que lo envíe y que lo llene de su poder!

DE AHORA EN ADELANTE

- ¿La idea de ser enviado lo intimida? Si la respuesta es sí, ¿por qué? ¿Siente que no sabe lo suficiente? ¿Siente que no habla bien? ¿Cómo impacta Mateo 38-9:37 la inseguridad que siente para cosechar?
- Describa un momento en el cual compartió de su fe en Jesús.

- o Lea Hechos 4:13. Cuando los gobernantes y los ancianos del pueblo vieron la osadía de Pedro y Juan, y al darse cuente de que eran gente sin estudios, hombres ordinarios, ¿qué fue lo que reconocieron?

DIA 18

ASTUTOS COMO SERPIENTES

Los envió como ovejas en medio de lobos. Por tanto, sean astutos como serpientes y sencillos como palomas.

MATEO 10:16

Antes de enviar a sus discípulos solos, Jesús los equipó con autoridad, les dio una buena cantidad de instrucciones prácticas y algunos ejemplos con animales.

La comparación de ovejas en medio de lobos era una forma de hacer un buen repaso de lo aprendido. Durante el Sermón del monte ya les había advertido de que estuvieran alertas a los falsos profetas que se hacen pasar por justos (Mateo 7:15-20). El ejemplo de la paloma era fácil porque las palomas son nobles y simbolizan la paz. ¿Pero qué hay de la serpiente? De todos los animales que Jesús tenía para elegir, eligió uno de los más despreciados y que se asocian de lleno con la maldad.

Su intención no era devolverle una buena reputación a la serpiente. Poco después vemos cómo Jesús condenaba la hipocresía de los fariseos cuando les dijo: "¡Serpientes! ¡Camadas de víboras! ¿Cómo escaparán ustedes de la condenación del infierno?" (Mateo 23:33), insultos que eran bastante fuertes, tanto para los fariseos como para las serpientes.

A propósito, Jesús no era el único que tenía algo en contra de las serpientes. En uno de los cantos de David, comparó las mentiras de los malvados con el veneno de las serpientes (Salmo 58:4). El profeta Isaías hizo la equivalencia de un malvado como si fuera alguien que incuba los huevos de las víboras (Isaías 59:5). ¿Y quién puede olvidar cuando Satanás habló sus fatales mentiras directo de la boca de la serpiente? El pobre animal nunca tuvo posibilidad alguna (Génesis 3:1-7).

A pesar de ello, la serpiente sí tuvo su momento de fama. Números 4 nos relata una situación en la que Dios envió una plaga de serpientes mortales que mordían a los israelitas rebeldes en el desierto (ese no es el momento que mencionamos). Luego, Dios le dijo a Moisés que hiciera una serpiente de bronce, que la pusiera en un poste y que la colocara en medio del campamento. Luego, ¡bum! Todos los israelitas heridos que miraran a la serpiente recibían sanidad física y vivían (¡eso es! El gran momento).

La serpiente en el poste tenía un significado simbólico y profético. Señalaba a Cristo en la cruz y al sacrificio que haría para darnos sanidad espiritual a todos los que lo buscáramos (Juan 3:14-15). Después de todo, la humanidad ha necesitado sanidad desde los inicios en el Jardín del Edén, cuando Adán y Eva cuestionaron la bondad de Dios y eligieron la oferta de la serpiente. Debido a su desobediencia, Dios maldijo a todos los que participaron en el suceso y a todas las generaciones que le siguieron. Luego, dijo a la serpiente: "Pondré enemistad entre tú y la mujer, y entre tu simiente y la de ella; su simiente te aplastará la cabeza, pero tú le morderás el talón" (Génesis 3:15).

Esa "simiente" a la que Dios se refirió era Jesús. Cuando dice "aplastará" se refería a la victoria completa de Jesús sobre Satanás por medio de su muerte y resurrección. El contrataque general se denomina *protoevangelio* que significa "el primer evangelio" porque fue el primer anuncio en las Escrituras que se referían al redentor que regresaría.

Generaciones después de que Dios le dijera a la serpiente que sería aplastada, Dios le indica a Moisés que hiciera una serpiente y la colocara como un símbolo para la sanidad; esto nos indica de forma irónica que Dios tomó esa imagen de la serpiente antigua que buscaba destruir a la humanidad y, por el contrario, la usó como un instrumento para sanar. Entonces, tal vez Jesús les dijo a sus discípulos que cuando emprendieran su camino fueran astutos como serpientes, *porque* las serpientes se relacionan con las mentiras y el mal. Después de todo, era tiempo de anunciar la llegada de la verdad y el amor: el redentor que destruiría a la serpiente y que traería completa sanidad a su pueblo.

O tal vez no. Tal vez Jesús les dijo que fueran astutos como las serpientes porque estas son inteligentes. Pudo haber querido decir algo simple como: "Muchachos, tengan cuidado. Sean amables, sean inteligentes."

Sí, posiblemente eso quiso decir.

ENFOQUE DE ORACIÓN

Cuando se le envíe como oveja en medio de los lobos, ore para que Dios lo llene de poder para ser astuto como una serpiente e inocente como una paloma, es decir, para ser cuidadoso, gentil e inteligente, porque claro está que estos ejemplos reúnen buenas características. Sin embargo, también pida sabiduría y discernimiento para evitar las mentiras del maligno; pida ánimo y valentía para hablar la verdad del evangelio a quienes tienen una necesidad desesperada de encontrar sanidad.

DE AHORA EN ADELANTE

- Dios siempre tuvo un plan para aplastar al enemigo. Al saber esto, ¿cómo afecta su forma en ver los ataques de Satanás?
- Así como los discípulos recibieron instrucciones prácticas antes de ir a ministrar en su nombre, ¿cuáles son los puntos prácticos que Dios le pide cuando sale al mundo cada día?
- La Biblia está llena de simbolismos. ¿Qué símbolos y metáforas le gustan más? Si su respuesta es ninguna, ¿será que ha tenido dificultad para entenderlas? O, ¿será que es porque nunca se ha puesto a pensar en ellas? De cualquier forma, ¡creemos que puede empezar pensando en la "oveja"!

DÍA 19

EL BUEN PASTOR

"Yo soy el buen pastor; conozco a mis ovejas, y ellas me conocen a mí, así como el Padre me conoce a mí y yo lo conozco a él, y doy mi vida por las ovejas."

JUAN 10:14-15

Para aquellos que crecieron en una iglesia con fundamento bíblico, la imagen de Jesús como el buen pastor resulta bastante familiar. Muchos recuerdan el sinnúmero de pinturas que tratan de representar a Jesús caminando en medio de una pastura con una oveja sobre sus hombros. Es una imagen hermosa que posiblemente sigue colgando en alguna de las viejas oficinas de su iglesia.

Para quienes crecieron en una tradición de fe distinta y en la que tal vez le enseñaron que Jesús solo era otro profeta y anularon su divinidad y su muerte sacrificial, el concepto de pastor no es algo tan adorable, más bien no resulta ser un ejemplo muy armonioso. Jesús lo sabe y es una de las razones por las que habló al respecto.

Cuando dijo: "Yo soy el buen pastor", Jesús les hablaba a los líderes religiosos que buscaban calumniar su identidad. En muchas ocasiones lo acusaron de blasfemo y decían que en sus milagros intervenían demonios (Mateo 12:24). La razón de sus muchas acusaciones era simple: si podían sustituir la imagen de Jesús por una destructiva o malvada, podrían seguir manteniendo el control de su rebaño.

De ahí surgió la metáfora del buen pastor. Además de ilustrar al amor tierno y cuidado fiel de Jesús, también era útil para exponer a los falsos pastores que trataban de desviar a las personas.

Primero, Jesús llamó a los falsos maestros *ladrones* y *bandidos,* que era una conexión, no tan sutil, con la parte en la que dijo que *el* ladrón no viene más que para robar, matar y destruir (Juan 10:10). Segundo, los llamó *asalariados* para caracterizar su cruel indiferencia. "El asalariado no es el pastor, y a él no le pertenecen las ovejas. Cuando ve que el lobo se acerca, abandona las ovejas y huye; entonces el lobo ataca al rebaño y lo dispersa. Y ese hombre huye porque, siendo asalariado, no le importan las ovejas" (Juan 10:12-13).

Este tipo de reprensión no era nada nuevo. En el Antiguo Testamento, Dios también había pronunciado su juicio contra los falsos pastores: "Hijo de hombre, profetiza contra los pastores de Israel; profetiza y adviérteles que así dice el Señor omnipotente: ¡Ay de ustedes, pastores de Israel que solo se cuidan a sí mismos! ¿Acaso los pastores no deben cuidar al rebaño? Ustedes se beben la leche, se visten con la lana, y matan las ovejas más gordas, pero no cuidan del rebaño (Ezequiel 34:2-3). Sí. Los falsos maestros siempre han estado presentes, incluso desde los albores del tiempo.

Y todo se reduce a esto: un pastor que no se preocupa por atender a sus ovejas no es un pastor verdadero ni tampoco puede considerársele un buen pastor. Por ello, todo dios que no cuide de quienes lo adoran, no es un dios verdadero.

Jesús es el buen pastor que conoce a sus ovejas y las llama por su nombre (Juan 10:3). Es tierno, dedicado y fiel para proveerles lo necesario a cada una. No es indiferente ni una fuerza lejana que exija lealtad mediante actividades religiosas u oraciones diarias programadas. Es por esa razón que, cuando se predica acerca del cielo no se hace con base en nuestra capacidad para merecerlo, porque eso es imposible. Solo somos ovejas.

Ahí tenemos el propósito de la metáfora del buen pastor. El hijo de Dios que era divino y humano en plenitud fue quien dio su vida por sus ovejas (Juan 10:18). Lo que decidimos creer acerca de Él tendrá consecuencias eternas, razón por la cual Jesús se esforzó tanto para demostrar su amor (Romanos 5:8). Nuestro trabajo solo es recibirlo. Al aceptar la divinidad y la muerte sacrificial de Jesús por fe, tenemos el privilegio de experimentar su tierno amor y su cuidado fiel. De hecho, es una buena y hermosa imagen que siempre reconoceremos.

ENFOQUE DE ORACIÓN

Alabe a Jesús por ser el buen pastor y porque dio su vida por sus ovejas. Pida a Dios su gran ayuda para recibir su tierno amor y su cuidado fiel; ore pidiendo sabiduría para discernir a los falsos maestros.

DE AHORA EN ADELANTE

- ¿Le ha resultado conocida y hermosa la imagen del buen pastor? ¿Tiene dificultades para asimilar el concepto?
- Los fariseos trataron de calumniar las palabras y las acciones de Jesús para conseguir sus propios objetivos. ¿Cuál ha sido su experiencia con los pastores que solo buscan su propio bien o que viven en falsedad?

- Lea Efesios 2:1-10. La idea de ganar su propio camino al cielo mediante buenas obras tiene filtraciones que lo llevan a las tradiciones religiosas. Pero ¿qué dicen esos versículos específicamente de la salvación y cómo lo animan a descansar como una oveja que tiene un buen pastor?

DÍA 20

UNA PAZ DIFERENTE

"No crean que he venido a traer paz a la tierra. No vine a traer paz, sino espada. Porque he venido a poner en conflicto "al hombre contra su padre, a la hija contra su madre, a la nuera contra su suegra; los enemigos de cada cual serán los de su propia familia".

Mateo 10:34-36

Además de haber enseñado que los pacificadores serían llamados hijos de Dios (Mateo 5:9), el hijo de Dios también les dijo a los discípulos que no había venido a traer paz, sino que, al contrario, traía una espada.

¿Cómo encajan estas dos enseñanzas? Bueno, primero debemos regresar hasta la profecía de Isaías que hablaba de la encarnación de Cristo. Siglos antes de que María recibiera la visita del ángel (Lucas 1:26–38), el profeta Isaías había anunciado: "Porque nos ha nacido un niño, se nos ha concedido un hijo; la soberanía reposará sobre sus hombros, y se le darán estos nombres: Consejero admirable, Dios fuerte, Padre eterno, *Príncipe de paz*" (Isaías 9:6).

Jesús es el Príncipe de paz. *Listo.*

Ahora regresemos a adonde estábamos. Décadas después de que el príncipe de paz les dijo a los discípulos que Él no había venido a traer paz, Juan empezó su evangelio con un pequeño manifiesto: "En el principio ya existía el Verbo, y el Verbo estaba con Dios, y el Verbo era Dios" (Juan 1:1). Y más adelante dijo: "Y el Verbo se hizo hombre y habitó entre nosotros" (Juan 1:14).

Jesús es el verbo. *Listo.*

Más o menos en el mismo tiempo (agregue o reste una década), el apóstol Pablo habló a la iglesia de Éfeso para que se pusieran toda la armadura de Dios para pelear la guerra espiritual. Parte de lo que les dijo fue: "Tomen el casco de la salvación y la espada del Espíritu, que es la Palabra de Dios" (Efesios 6:17).

Aquí la palabra es la espada del Espíritu. *Listo.*

Ahora, piense en esta promesa que encontramos en Hebreos: "Ciertamente, la Palabra de Dios es viva y poderosa, y más cortante que cualquier espada de dos filos. Penetra hasta lo más profundo del alma y del espíritu, hasta la médula de los huesos, y juzga los pensamientos y las intenciones del corazón" (4:12).

La espada corta y juzga. *Listo.*

Bien, ahora imagine… si la palabra escrita de Dios es más cortante que cualquier espada de dos filos y puede dividir el alma y el espíritu, ¿cuánto más la Palabra de Dios encarnada podría penetrar en la gente con la que habitaba?

Aunque Jesús vino a traer paz a los corazones de quienes le creyeron (Juan 14:27), la paz en la tierra no era su objetivo. Vino a la tierra con una espada porque Él traía la Palabra. Después Él se sacrificó para ser más cortante en los corazones y exponer los pensamientos y las actitudes de la humanidad. Con respecto a este punto, el príncipe de paz era verdadera pólvora con la que estallaron algunas familias que se consideraban cercanas entre ellos.

Tendremos enemigos por causa de Cristo. *Listo.*

No obstante, instruyó a los discípulos a luchar por la paz. No era una contradicción porque ellos no eran la palabra que divide, ni la espada que juzga. Ellos eran los mensajeros de Dios. Esa es la razón por la que Jesús les dijo que, si el hogar estaba dispuesto a recibir el mensaje, que dejaran reinar su paz ahí y que, si no querían oírlos, que se sacudieran el polvo de sus pies (Mateo 10:13-14).

Nosotros debemos hacer lo mismo. Los cristianos no hemos sido llamados para ser pólvora, para explotar lo que esté a nuestro alrededor en el nombre de Jesús. Nuestra comisión es: "Por tanto, vayan y hagan discípulos de todas las naciones, bautizándolos en el nombre del Padre y del Hijo y del Espíritu Santo, enseñándoles a obedecer todo lo que les he mandado a ustedes" (Mateo 28:19-20). Algo que Jesús ordenó a sus hijos es ser pacificadores y permitir que quien corte sea Él.

ENFOQUE DE ORACIÓN

Adore a Jesús por ser el príncipe de paz que vino con una espada. Pídale a Dios que lo ayude a comprender y a aceptar esta presión incluida. Ore por las personas que ocupan un lugar en su vida y que todavía no conocen a Jesús. Ore para ganar sus corazones por medio de la paz que Jesús ofrece a cada corazón humano.

DE AHORA EN ADELANTE

- o Versículos como los de Mateo 10:34-36, ¿suelen molestarlo o animarlo? ¿Por qué?
- o Lea Juan 14:27. Describa la paz que Jesús ofrece y compárela con la que ofrece el mundo.
- o En palabras simples, ¿para usted qué significa ser mensajero y pacificador?

DÍA 21

LA BÚSQUEDA

El que se aferre a su propia vida, la perderá, y el que renuncie a su propia vida por mi causa, la encontrará.

MATEO 10:39

Parece ser que algunos personajes bíblicos eran menos tímidos de expresar sus sentimientos en comparación con la gente de ahora. Tome como ejemplo a David del Antiguo Testamento. Escribió unos cuarenta y dos salmos con gritos de lamento mientras clamaba al Señor en momentos de aflicción, desesperación, pérdida y fracaso; incluso concluye uno de ellos así: "Y a mí, pobre y necesitado, quiera el Señor tomarme en cuenta. Tú eres mi socorro y mi libertador; ¡no te tardes, Dios mío!" (Salmo 40:17).

Vemos muchos sentimientos externados, en especial para un rey.

Esa misma situación se dio con Pablo en el Nuevo Testamento. Él era un hombre fuera de lo común, era honesto acerca de sus emociones, ni siquiera intentaba hacerse el interesante. Escribió: "Es más, me presenté ante ustedes con tanta debilidad que temblaba de miedo. No les hablé ni les prediqué con palabras sabias y elocuentes, sino con demostración del poder del Espíritu, para que la fe de ustedes no dependiera de la sabiduría humana, sino del poder de Dios" (1 Corintios 2:3-5).

En la actualidad, tanta honestidad en un líder podría provocar que busquen callarlo, o podría provocar que se burlaran de él. David y Pablo recibían inspiración divina y no inspiración de la influencia pública, situación que agradecemos porque anhelamos tener esa misma desesperación. Todo lo que expresaron alrededor de sus dificultades nos enseña cómo percibir, responder y soportar las nuestras.

Nos enseña a buscar.

¿Qué impulsó a estos dos titanes de la fe a estar tan dispuestos a ser trasparentes en la debilidad? Bien, una humildad como la de ellos se produce solo de una manera: cuando decidimos perder nuestra vida para encontrarla en Él. Después de que David y Pablo aprendieron a rendirse ante Dios, también aprendieron a depender de Él a diario. Gracias a ese sinnúmero de circunstancias difíciles, lograron ver que Dios los rescataba y los redimía una y otra vez. Y así como lo dice Pablo, contaron todo por pérdida, incluso su propia vida, por causa de ganar una nueva vida en Cristo. "Es más, todo lo considero pérdida por razón del incomparable valor de conocer a Cristo Jesús, mi Señor. Por él lo he perdido todo, y lo tengo por estiércol, a fin de ganar a Cristo y encontrarme unido a él… lo he perdido todo a fin de conocer a Cristo, experimentar el poder que se manifestó en su resurrección, participar de sus sufrimientos y llegar a ser semejante a él en su muerte. Así espero alcanzar la resurrección de entre los muertos" (Filipenses 3:8-11).

La explicación de toda esta honestidad está en que murieron para ellos mismos. Cuando nos liberamos de nuestra vieja vida y nos aferramos a Jesús, cuando establecemos nuestra esperanza firme en Dios y nuestro futuro en Él en el cielo, no podemos hacer más que expresarnos con una honestidad que sale de lo común. De hecho, cuanto más drástico sea nuestro rescate, menos avergonzados estaremos de expresar nuestros sentimientos porque el impulso de dar las buenas nuevas a los desesperados eclipsa todo temor de burla, todo rechazo, toda desestimación, toda anulación o incluso la muerte. En Cristo somos libres de nuestro deseo de protegernos y promovernos porque hemos cambiado nuestra vida vieja por la de Él. Incluso, nos sentimos emocionados de decirle a todos cuán débiles, pobres y necesitados somos en realidad, porque sabemos exactamente de dónde y *de quién* viene nuestra ayuda. Hemos encontrado a nuestro Salvador, aquel que ama y guarda nuestra alma.

Esto implica que simplemente no hay espacio para hacerse el interesante.

ENFOQUE DE ORACIÓN

Alabe a Dios por liberarlo una y otra vez. Pídale que lo ayude a confiar más en Él y menos en usted. Agradézcale por la relación que restauró y que le ha ofrecido con libertad por medio de Jesús. Pídale valentía y decisión para dejar atrás su vida vieja y así, encontrar la vida nueva que Él tiene para usted.

DE AHORA EN ADELANTE

- ¿Qué piensa de la forma tan honesta en la que David y Pablo hablaban de sus dificultades?
- ¿Qué tan trasparente o hermético es usted y por qué? ¿Siente el deseo de compartir con otros acerca de Jesús y su testimonio personal?
- Lea 2 Corintios 12:9-10. Tome unos minutos para pensar en cómo estos versículos pueden hacerse verdad en usted y pida a Dios que lo ayude a liberar cualquier tendencia que usted sienta para protegerse y promoverse. En lugar de ello, busque oportunidades para engrandecer y glorificar a Aquel que murió por usted.

Muchas parábolas...

DÍA 22

EL QUE TENGA OÍDOS

Entonces se puso a enseñarles muchas cosas por medio de parábolas y, como parte de su instrucción, les dijo: "¡Pongan atención! Un sembrador salió a sembrar. Sucedió que al esparcir él la semilla, una parte cayó junto al camino, y llegaron los pájaros y se la comieron. Otra parte cayó en terreno pedregoso, sin mucha tierra. Esa semilla brotó pronto porque la tierra no era profunda; pero, cuando salió el sol, las plantas se marchitaron y, por no tener raíz, se secaron. Otra parte de la semilla cayó entre espinos que, al crecer, la ahogaron, de modo que no dio fruto. Pero las otras semillas cayeron en buen terreno. Brotaron, crecieron y produjeron una cosecha que rindió el treinta, el sesenta y hasta el ciento por uno. El que tenga oídos para oír, que oiga", añadió Jesús.

Marcos 4:2-9

Es maravilloso ver cómo las personas pueden escuchar las mismas palabras, pero dar respuestas tan diferentes una de la otra. Para algunos, el evangelio de Jesús es vida. Es la semilla que cae en buen terreno, cuyas raíces crecen en la profundidad y producen una cosecha de fe y fruto: "era de una manera y ahora soy totalmente diferente. Lo que hizo la diferencia fue Él". Para otros, el evangelio de Jesús tiene de poco a ningún significado. Es la semilla que cae en tierra árida y crece sin raíz de fe ni fruto. También están aquellos que creen que el evangelio se escucha como algo hermoso e interesante por un tiempo, pero al final se queman y se ahogan en el mundo, por lo que sus raíces son poco profundas para enfrentar la adversidad, los vicios, el enojo o la duda.

El que tiene oídos para oír, que escuche.

Que Dios no permita que este último sea usted.

La verdad es que, la mayoría de nosotros no logramos percibir cuando va decayendo nuestra fe. Cuando empezamos nuestro caminar cristiano, no pensamos que nos van a desilusionar ni que nos van a decepcionar porque *la expectativa* es que Jesús sea el complemento de nuestra vida en una forma positiva. Queremos que la respuesta a nuestras oraciones sea con un sí. Nos gusta la idea de ir a la iglesia y estar en comunidad (en especial durante las festividades). Queremos paz, propósito y respuestas a preguntas como "¿cómo llegué aquí?" y "¿a dónde vamos después de morir?". Hasta disfrutamos de aquel programa de televisión que retrata la vida de Jesús. Pero el dilema es que cuando nuestra relación con Él existe para *servirnos*, somos propensos a alejarnos de nuestra fe cuando las cosas no funcionan como queremos.

Y es que cuesta seguir adelante cuando no podemos elegir la dirección a la que vamos, sino que tenemos que confiar y someter nuestra voluntad a Aquel a quien estamos siguiendo. A veces, preferimos no hacerlo. Hacer nuestros propios planes, establecer nuestras propias metas y alcanzar nuestros propios logros parece un mejor camino. Incluso mucho mejor si se trata de tener mucho dinero. Se siente más natural encontrar respuestas por nuestros propios medios y tener una vida con gratificación más inmediata que confiar la dirección, provisión y satisfacción plena a Jesús. Y eso que no estamos hablando de cuando la tragedia nos golpea, cuando la enfermedad y las dificultades se instalan en nuestra vida, o cuando perdemos a seres queridos a pesar de haber orado para que no se fueran.

La vida puede ser difícil, por eso sabemos que para quienes tienen raíces poco profundas de fe es más fácil alejarse de Jesús, pero no tiene que ser así. Tal vez al principio puede sentirse bien, pero *cuando ha pasado* ese momento todo pierde significado; en realidad, así es como muchos se acercan a Jesús. Nuestro corazón fue creado para más. Fuimos creados para mantener esa comunión con nuestro Creador, para confiar en Él, para descansar en su omnisciencia (que todo lo sabe), omnipotencia (que todo lo puede) y omnipresencia (que todo lo abarca). Lo cierto es que renunciar al control no es algo que se sienta natural, pero la extrañeza dura tan poco, pues Dios es mejor en todo sentido.

Cuando sabemos todo esto deberíamos sentirnos obligados a buscar raíces más profundas de fe, como: pasar tiempo todos los días en la lectura de nuestra Biblia, tener comunión con Dios en la oración, conocerlo y aprender a confiar en Él más y más; pedirle que cambie nuestros deseos para alinearlos bien con los suyos y para que cuando lleguen los momentos de adversidad, nuestra fe no falle porque está enraizada profundamente en Jesús.

ENFOQUE DE ORACIÓN

Pida a Dios que examine su corazón y le muestre las maneras en las que necesita que su fe se fortalezca. Pídale que lo ayude a discernir la verdad y a creer con más profundidad. Agradézcale por la forma en la que ya se ha revelado a usted y ore pidiendo oídos que estén atentos a sus enseñanzas y dirección.

DE AHORA EN ADELANTE

- ¿En qué forma ha visto que su fe es poco profunda y por qué?
- ¿Cómo ha comprobado Jesús que es digno de que lo sigamos?
- Lea Isaías 40:28-31 y subraye las características de Dios que justifican tener una fe profunda (¿ve lo que tratamos de hacer aquí?).

DÍA 23

TODA LA VERDAD

Cuando se quedó solo, los doce y los que estaban alrededor de él le hicieron preguntas sobre las parábolas. "A ustedes se les ha revelado el secreto del reino de Dios —les contestó—; pero a los de afuera todo les llega por medio de parábolas, para que 'por mucho que vean, no perciban; y por mucho que oigan, no entiendan; no sea que se conviertan y sean perdonados'".

MARCOS 4:10-12

La verdad es que muchas veces preferimos saltarnos, pasarnos y eludir estos versículos porque son lo opuesto de lo que creemos que Jesús podría o *debería* haber dicho. Jesús es gentil y hospitalario, paciente y misericordioso. Pero las palabras que encontramos aquí son impactantes y hasta parecen un poco bruscas. A pesar de eso ahí están y las encontramos impresas en tinta roja en el Nuevo Testamento, lo que nos lleva a expulsar las preguntas: *¿Entonces, no quería que* todos *entendieran? ¿No quería que* todos *fueran salvos?*

El contexto es importante. De hecho, en ocasiones el contexto es nuestro único camino para seguir adelante y nuestra única vía para comprender aquellos pasajes difíciles en la escritura. Somos afortunados de que este intercambio entre

Jesús y los discípulos no era la primera vez. Ya se había hablado este tipo de palabras desafiantes.

—¿A quién enviaré? ¿Quién irá por nosotros?
Y respondí: —Aquí estoy. ¡Envíame a mí!
Él dijo: —Ve y dile a este pueblo: "Oigan bien, pero no entiendan; miren bien, pero no perciban".
Haz insensible el corazón de este pueblo;
embota sus oídos y cierra sus ojos,
no sea que vea con sus ojos,
oiga con sus oídos, y entienda con su corazón,
y se convierta y sea sanado".

ISAÍAS 6:8-10

Dios rescató a los israelitas de la esclavitud en Egipto antes de dirigirlos a través del Mar Rojo y del desierto para llevarlos a la tierra prometida en donde los iba a establecer. Ahí les daría lo necesario y los protegería. Él sería su Dios, su rey, y ellos serían su pueblo. Él los quería. Los había escogido. Hizo un camino para ellos. Sin embargo, a pesar de los milagros de los cuales fueron testigos y de la bondad y misericordia que continuamente Dios les extendía, el corazón de este pueblo seguía endurecido e insistieron en el pecado. Y bien, llegó el punto en el que Dios se cansó de esto. Los entregó a su propia ceguera y su corazón insensible. De hecho, le dijo al profeta Isaías que Él incluso *aumentaría* esa insensibilidad y su ceguera, porque ese sería su juicio por ser necios e incrédulos.

En concreto, lo que pasó fue que Él dejó de insistir, lo que nos toma por sorpresa porque predicamos la historia de *seguir* a Dios, a Aquel que tiene infinita misericordia, gracia y amor. "Porque tanto amó Dios al mundo que dio a su Hijo unigénito, para que todo el que cree en él no se pierda, sino que tenga vida eterna" (Juan 3:16). Pero esa no es toda la verdad, pues Dios también es rey del universo y Él requiere que creamos y sigamos a Jesús para ser parte de su reino. Para aquellas personas con corazón duro, para quienes insisten en la incredulidad y el pecado, existe un juicio y también un exilio que llegará. "El que cree en él no es condenado, pero el que no cree ya está condenado por no haber creído en el nombre del Hijo unigénito de Dios" (Juan 3:18). Puesto que Dios conoce el corazón, Él conoce el principio y el fin de todas las cosas, así como lo que hay entre estos dos puntos, solo Él decide cuándo y cómo deja caer su juicio, lo que incluye entregar a algunos a su ceguera y su corazón insensible.

En ocasiones, las parábolas que Jesús nos dijo fueron y son difíciles de entender porque Dios quiere que quienes son sus seguidores verdaderos se esfuercen para entenderlo. Entonces, *esfuércese*. Abra muy bien sus ojos y haga lo posible por ver. Escuche de cerca para que pueda escuchar bien. Manténgase dispuesto al Señor y Él iluminará los ojos de su corazón. "Porque todo el que pide, recibe; el que busca, encuentra; y al que llama, se le abre" (Mateo 7:8).

ENFOQUE DE ORACIÓN

Alabe a Dios por la promesa que ha dado a quienes lo buscan: ellos lo encontrarán. Agradézcale por lo que ya ha entendido y pídale que aumente su capacidad de abordar toda la verdad de quién es Él y qué es lo que quiere para su vida. Ore para que sus ojos puedan ver, sus oídos puedan escuchar y su corazón pueda seguir avanzando detrás de Jesús en todo el camino que lo conduce al cielo.

DE AHORA EN ADELANTE

- o Vuelva a leer Juan 3:16-18 y describa en sus propias palabras toda la verdad.
- o ¿Cree que Dios tiene derecho de juzgar a quienes lo rechazan? ¿Por qué sí o por qué no?
- o Dios ama al mundo, pero todo el mundo no ama a Dios, lo cual es realmente triste porque la rebelión y la incredulidad lo llevan a la condenación. En sus propias palabras y en respuesta a la verdad completa, ¿por qué cree que Dios permite que la gente *no* lo elija?

DÍA 24

EL TRIGO Y LA MALA HIERBA

Jesús les contó otra parábola: «El reino de los cielos es como un hombre que sembró buena semilla en su campo. Pero, mientras todos dormían, llegó su enemigo y sembró mala hierba entre el trigo, y se fue. Cuando brotó el trigo y se formó la espiga, apareció también la mala hierba. Los siervos fueron al dueño y le dijeron: "Señor, ¿no sembró usted semilla buena en su campo? Entonces, ¿de dónde salió la mala hierba?". "Esto es obra de un enemigo", les respondió. Le preguntaron los siervos: "¿Quiere usted que vayamos a arrancarla?". "¡No! —les contestó—, no sea que, al arrancar la mala hierba, arranquen con ella el trigo. Dejen que crezcan juntos hasta la cosecha. Entonces les diré a los segadores: Recojan primero la mala hierba, y átenla en manojos para quemarla; después recojan el trigo y guárdenlo en mi granero"».

Marcos 4:10-12

Es extraño pensar que la parábola de Jesús acerca del hombre que plantó buenas semillas en un campo y de su enemigo que plantó malas semillas en ese mismo lugar refleje de alguna forma la imagen del reino de los cielos. Pero así es. Vivimos en la era de plantar y crecer, la parte de la historia en donde Dios elige personas de cada tribu, nación y lengua para levantar su reino celestial. Aquellos que se rinden ante el rey pertenecen a ese reino y el reino les pertenece a ellos. Ellos son la buena semilla que brota y se esparce en medio de este mundo caído, a pesar de que está lleno de mala hierba. Las malas semillas brotan y se esparcen también, pero esos son los hijos del enemigo del rey (versículo 38-39).

Hablemos claro: el enemigo del rey, a quien también se le conoce como diablo, por lo general no se le menciona en los libros devocionales. Y la verdad es que las meditaciones diarias con base en la escritura buscan alentar y dar un momento agradable. Inspiran, consuelan, animan y nos levantan el ánimo para el resto del día, o nos calman y nos invitan a descansar en la noche. Sin embargo, por aquello de las dudas de que no estuviéramos seguros de la realidad en la que vivimos, debemos decir su nombre. Después de todo, Satanás se esfuerza en los mismos lugares en donde Jesús también se esfuerza. Está en lugares en donde los elegidos de Dios han sido plantados, en donde están creciendo y donde van a ser recolectados. Y él también está trabajando en su propio ejército.

¿Cuál es su propósito? Es que es simple, Satanás quiere llevarse gente al infierno. Quiere estropear los propósitos y los planes del reino de Dios. Quiere lastimar al pueblo que Dios creó, a su pueblo que ama. Quiere sembrar el caos en los elegidos y busca desanimarnos, desarmarnos y descarrilarnos. Quiere confundir a la gente y alejarlos de la verdad de quién es Dios. Quiere matar y destruir el alma de cada hombre, mujer y niño.

Y así, por un tiempo, permanecen juntos el trigo y la mala hierba.

Jesús explicó a sus discípulos que al final del tiempo (es decir, al final de este mundo, al principio del siguiente), Él separará el trigo de la mala hierba "y arrancarán de su reino a todos los que pecan y hacen pecar. Los arrojará al horno encendido, donde habrá llanto y rechinar de dientes" (versículos 41-42). ¡Escuchar acerca del infierno nos debería motivar a seguir haciendo el trabajo del reino! Debemos permanecer fieles a Aquel que es vida y da vida (Juan 10:10) y hablar de Jesús a quien podamos *mientras podamos.* Con ese propósito, debemos estar alertas a las artimañas del enemigo para que no nos tome desprevenidos. Debemos vivir como hijos del reino, esparciendo la buena semilla a todo aquel que desee recibirla.

ENFOQUE DE ORACIÓN

Agradezca a Dios que ha escuchado las buenas nuevas del evangelio de Jesús. Pida discernimiento para ver con claridad la obra del diablo y ore para recibir fortaleza, sabiduría y resistencia para navegar en este mundo que está muriendo y que está lleno de mala hierba. También ore para tener la capacidad y oportunidad de esparcir las semillas del evangelio y de la verdad a quienes estén en su vida, que es su campo, y así, ellos puedan escuchar, creer y recibir la salvación.

DE AHORA EN ADELANTE

- ¿Hay alguien en su vida que necesita escuchar las buenas nuevas del evangelio?
- Es fácil acostumbrarse a la presencia de la mala hierba y dejar de sentir molestia por tenerla cerca. Aunque suene extraño, tome un momento para observar el trabajo que Satanás está haciendo a su alrededor. ¿Qué ve?
- Lea Salmo 121:7-8 y 2 Timoteo 4:18. A la luz de estos versículos, ¿por qué *no* debería temer a la presencia o a los planes del enemigo?

DÍA 25

ESTA LUCECITA MÍA

También Jesús les decía: "¿Acaso se trae una lámpara para ponerla debajo de una vasija o debajo de la cama? ¿No es para ponerla en el candelero? Porque nada hay oculto, si no es para que sea manifestado; ni nada ha estado en secreto, sino para que salga a la luz. Si alguno tiene oídos para oír, que oiga".

MARCOS 4:21-23

Por supuesto que no ponemos la lámpara debajo de una canasta o de una cama; eso sería ridículo. Pero hay montones de cosas que *sí* ocultamos. A veces, escondemos nuestros sentimientos. Muchas veces, ocultamos nuestros temores. Por instinto, escondemos nuestras inseguridades, nuestras debilidades o nuestras heridas. Definitivamente, ocultamos las partes menos halagadoras de nuestro pasado: las malas decisiones que hemos tomado, incluso aquellas que sucedieron muchos años atrás; porque lo que más nos esforzamos en esconder es nuestros pecados.

"Nada se oculta excepto para que se manifieste; tampoco hay secretos sino para salir a luz".

Cuando los israelitas entraron a la tierra prometida, fue como arriar gatos porque algunas de los tribunos querían separarse del grupo y asentarse en una tierra *no* prometida

(Números 32). En resumen, Moisés respondió diciendo: "¿Están locos? De ninguna manera, porque, para empezar, *no* obedecer a Dios es exactamente lo que nos dejó atrapados aquí en el desierto", lo cual no es una cita exacta, pero sirve para que usted tome la idea. Así que los hombres de Rubén y Gad decidieron obedecer a Dios primero. Estuvieron de acuerdo en entrar en la tierra prometida con el resto de la nación de Israel y en ayudar a asegurarla, tal como Dios les había instruido que lo hicieran. Después de eso, serían libres de asentarse en la tierra de su elección. Sin embargo, el compromiso conllevaba una advertencia aleccionadora: si no obedecían, si desertaban de su deber antes de cumplirlo, estarían pecando contra el Señor.

Y su pecado los alcanzaría (versículo 23).

¡Vaya! Pero, además, hagamos una pausa sobre eso por un momento porque allí se halla el misterio del pecado. Nosotros, los seres humanos, no podemos realmente controlar al pecado ni mantenerlo oculto en una esquina o debajo de una canasta o una cama, al menos no por mucho tiempo porque, de alguna manera, el pecado lleva dentro de sí el poder para exponernos. "El pecado te acecha, como una fiera lista para atraparte. No obstante, tú puedes dominarlo" (Génesis 4:7 NVI). Dicho de otro modo, su pecado lo alcanzará porque lo está acechando. Siempre está en movimiento, siempre gana terreno, como un cáncer que se esparce lentamente, lo cual es exactamente la razón por la que Jesús llama a sus seguidores a la luz. "Yo soy la Luz del mundo; el que me sigue no andará en tinieblas, sino que tendrá la Luz de la vida" (Juan 8:12).

La luz de Jesús echa fuera el pecado y las tinieblas. Cuando entramos a ella, el pecado retrocede. Huye y se encoje. Pierde su poder y su dominio en nuestra vida. Entonces, en vez de que el pecado nos exponga y nos destruya, la luz de Dios hace la destrucción. Él vence a nuestro pecado al limpiar nuestra mente, corazón y nuestra vida misma. Y, luego, tenemos la oportunidad de proclamarle a cualquier persona que tenga oídos para oír que la luz de Jesús nos ha libertado de aquello que vive en la oscuridad.

Sin duda alguna somos llamados a hacer que brille la luz que Dios nos dio. Se nos exhorta a exhibir a Jesús y a la obra que Él ha hecho para que todos los vean. Pero parte de ese proceso implicará que seamos expuesto por lo pecadores que somos, lo que significa que venir a la luz y permanecer en la luz no siempre es tan fácil y maravilloso como lo sugiere el corito dominical. Sin embargo, vale completamente la pena porque es, de hecho, nuestra historia de redención lo que Dios usará para sacar a otros pecadores de la oscuridad y llevarlos a su luz rescatadora.

ENFOQUE DE ORACIÓN

Alabe a Dios por sacarlo de la oscuridad y llevarlo a su luz. Agradézcale por la libertad y la restauración que le ofrece a través de Jesús. Confiese cualquier pecado que todavía esté tratando de ocultar y pídale que lo ayude a mantenerse en la luz y que no permita que el pecado se afiance. Pídale oportunidades para ser una luz brillante para Jesús y que pueda compartir su esperanza y su historia de redención continua.

DE AHORA EN ADELANTE

- Tome un momento para pensar sobre la historia de su redención y la manera en que Dios lo llevó por primera vez a su luz.
- Lea Efesios 5:7-10. ¿De qué maneras está usted viviendo como un hijo de luz? ¿En qué maneras no lo está?
- ¿A quién puede compartirle la luz de Jesús?

DÍA 26

EL CICLO DE LA SEMILLA

También Jesús decía: "¿A qué compararemos el reino de Dios, o con qué parábola lo describiremos? Es como un grano de mostaza, el cual, cuando se siembra en la tierra, aunque es más pequeño que todas las semillas que hay en la tierra, sin embargo, después de sembrado, crece y llega a ser más grande que todas las hortalizas y echa grandes ramas, tanto que las aves del cielo pueden anidar bajo su sombra".

MARCOS 4:30-32

Resulta que no toda parábola era pesimismo puro porque esta es sencillamente maravillosa. Son buenas noticias para la gente imperfecta con fe imperfecta (por ejemplo: todos nosotros) porque al igual que la buena semilla que cayó en tierra fértil en la parábola del sembrador (Marcos 4:2-9), nuestra pequeña semilla de mostaza de fe se volverá un árbol de fe enorme que es fuerte y firme y que incluso da descanso, consuelo y abrigo para otros.

Pero volvamos al punto porque antes de la existencia de un árbol poderoso, hay una semillita. Y el recorrido de un punto al otro no es poca cosa.

Los apóstoles dijeron al Señor: "¡Auméntanos la fe!". Entonces el Señor dijo: "Si tuvieran fe como un grano de mostaza, dirían a este sicómoro: 'Desarráigate y plántate en el mar', y les obedecería".

LUCAS 17:5-6

Nosotros no empezamos como árboles fuertes y grandes, pero eso no importa ya que la fe del tamaño de una semilla es suficiente para participar en eventos colosales del reino. Los discípulos le pidieron a Jesús más fe porque querían hacer y ser más de lo que eran en ese momento. Sin embargo, Jesús no enseñaba que una fe grande significaba un impacto grande ni que le somos útiles a Él solamente cuando nuestra fe ya se ha desarrollado completamente. En vez de eso, Él enseñaba que la fe pequeña *puesta en el lugar adecuado* resulta en cosas *imposibles* tal como las semillitas se convierten en árboles gigantescos; en cosas que desafían a la naturaleza, tales como desarraigar y replantar árboles sicómoros en el mar; y en cosas inimaginables como el espectáculo del nacimiento de Jesús en una granja que se convirtió en el proyecto de medios masivos más grande fundado colectivamente de todos los tiempos.

Dicho de manera sencilla, Jesús les enseñaba a los discípulos que el objeto de su fe también podría ser la fuente de su poder.

Claro.

Cuando entramos al reino de Dios a través de la fe, somos asignados automáticamente al programa "de semilla de mostaza a árbol"; por la gracia de Dios, crecemos en fe desde el primer momento. Para animarnos en eso, para darnos una imagen vívida de lo que nuestro reCreador está haciendo en y a través de nosotros, Jesús describió a dónde llevaba ese proceso. Habiendo dicho eso, Él no espera que nosotros hayamos terminado de crecer antes de permitirnos ser parte de algo. Él no está obligado por el ciclo de la semilla, porque sus acciones y su poder no dependen de nosotros, solamente dependen de Él. ¡Y a Él le encanta cuando los creyentes le piden que haga cosas! A Él le encanta cuando nosotros amostazamos nuestra fe (¿ven lo que dije?) y confían en Él para que haga lo que solo Él puede hacer. Entonces, las cosas maravillosas que a su vez atestiguamos harán crecer nuestra fe.

ENFOQUE DE ORACIÓN

Pídale a Dios que continúe dándole crecimiento a su fe y a su madurez espiritual. Pídale ayuda para ejercer su fe en formas nuevas y más grandes, confiar cada vez más en el poder de Él para hacer cualquier cosa que Él quiera. Agradézcale que usted está en camino para ser un árbol firme y hermoso, arraigado en la bondad, la misericordia y el amor. Alábelo por incluirlo en la obra de su reino mucho antes de que usted dé la talla.

DE AHORA EN ADELANTE

- ¿En qué maneras se parece usted a una semilla de mostaza?
- ¿De qué maneras se está volviendo más parecido a un árbol de mostaza?
- Lea Marcos 9:20-27 y explique por qué esta interacción dulce con Jesús es una noticia tan buena para la gente imperfecta que tiene fe imperfecta.

DÍA 27

MUCHO MÁS

"El reino de los cielos es semejante a un tesoro escondido en el campo, que al encontrarlo un hombre, lo vuelve a esconder, y de alegría por ello, va, vende todo lo que tiene y compra aquel campo. El reino de los cielos también es semejante a un mercader que busca perlas finas, y al encontrar una perla de gran valor, fue y vendió todo lo que tenía y la compró".

MATEO 13:44-46

Se han contado muchos relatos fantásticos sobre la búsqueda del tesoro escondido. Baúles llenos de oro enterrados, joyas que estuvieron perdidas durante mucho tiempo, tesoros familiares incalculables, incluso lugares mágicos y místicos como la fuente de la juventud... dichas historias se han pasado de una generación a otra por medio del arte, los libros, las películas y la televisión. Las mejores no solo incluyen una olla llena de oro al final del arcoíris, sino también una gran aventura para llegar hasta allí: una llena de peligro, medidas desesperadas y proezas heroicas, todo en la búsqueda de algo preciado.

Nos encantan ese tipo de historias. Pero la verdad es que nuestra vida es aburrida al compararla con las historias porque muy pocas cosas son realmente dignas de tal sacrificio.

Aquí, en la realidad, preferimos ir por el lado seguro. Ahorrar. Conservar. Retener. Acumular. La noción de sacrificarlo *todo*, especialmente a cambio de solo *una cosa*, ciertamente no es *lo preferido*.

Sin embargo, eso es lo que se requiere para conocer a Jesús.

Curiosamente, la búsqueda de tesoros se ha escrito en nuestro corazón. Sin embargo, como seres humanos propensos a los hábitos, hemos identificado mal lo que realmente es un tesoro, porque todo lo que tendemos a valorar tiene una fecha de caducidad: nuestro dinero, nuestras cosas, nuestra salud, incluso nuestras relaciones con los demás. "No acumulen para sí tesoros en la tierra, donde la polilla y la herrumbre destruyen, y donde ladrones penetran y roban" (Mateo 6:19). Literalmente, todas las cosas que más nos importan no son solo parte de un sistema moribundo, sino que también nos dejan queriendo más. "El que ama el dinero no se saciará de dinero, y el que ama la abundancia no se saciará de ganancias. También esto es vanidad" (Eclesiastés 5:10).

Tengamos por seguro que aquellos que nos rodean y las provisiones diarias que Dios nos da son regalos y debemos estar agradecidos. Debemos administrarlos bien y debemos estar gozosos a la larga. "Toda buena dádiva y todo don perfecto viene de lo alto, desciende del Padre de las luces, con el cual no hay cambio ni sombra de variación" (Santiago 1:17). Sin embargo, eso no cambia el hecho de que (1) este mundo es temporal, y (2) no hay tesoro más grande que la salvación a través de Jesús. "Sino acumulen tesoros en el cielo, donde ni la polilla ni la herrumbre destruyen, y donde ladrones no penetran ni roban; porque donde esté tu tesoro, allí estará también tu corazón" (Mateo 6:20-21).

Entonces, ¿cómo lo hacemos? ¿Cómo vamos en busca del tesoro verdadero y lo acumulamos?

¿Qué significa realmente vender todo lo que tenemos para compra el campo?

Significa que establecemos de nuevo y por completo nuestras prioridades. Colocamos nuestra relación con Jesús absolutamente por encima de todo lo demás en nuestra vida porque reconocemos que Él es, por mucho, más precioso que todo lo que el mundo puede ofrecer. Y aún más, estimamos como pérdida todas las cosas en vista del incomparable valor de conocer a Cristo Jesús, nuestro Señor (Filipenses 3:8).

ENFOQUE DE ORACIÓN

Alabe a Dios por enviar a su Hijo para ser su tesoro más grande. Agradézcale por el sacrificio que Jesús hizo en la cruz a fin de que usted pueda buscar, encontrar y conocerlo a *Ël*. Pida a Dios que lo ayude a establecer nuevamente las prioridades de su vida de una manera tan radical que, si fuera necesario, estaría dispuesto a entregar todo por *Aquel*: su Señor, su Rey, su vida, Jesucristo.

DE AHORA EN ADELANTE

- En su vida, ¿qué compite contra su amor por Jesús?
- ¿Qué cambios debe hacer para reflejar mejor su devoción a Él?
- Lea Efesios 3:14-21. ¿Qué razones dan estos versículos sobre que Jesús es el tesoro más grande de todos?

DÍA 28

REDES

El reino de los cielos también es semejante a una red barredera que se echó en el mar, y recogió peces de toda clase. Cuando se llenó, la sacaron a la playa; y se sentaron y recogieron los peces buenos en canastas, pero echaron fuera los malos. Así será en el fin del mundo; los ángeles saldrán, y sacarán a los malos de entre los justos, y los arrojarán en el horno de fuego; allí será el llanto y el crujir de dientes.

Mateo 13:47-50

¡Y... ya estamos de vuelta con algunas verdades de parábolas sólidas, porque muy pocos disfrutan hablar del llanto y el crujir de dientes! Sin embargo, eso no cambia el hecho de que Jesús les advirtió a sus oyentes sobre la separación eterna de Dios en un terrible lugar llamado infierno, y no solo esta vez. En realidad, Él hablaba mucho sobre eso.

Sí, es cierto. Jesús (de quien algunos pensaban que solo era un hombre que decía cosas agradables) habló del infierno, el cual, según Él, incluye específicamente un fuego que nunca se apaga (Marcos 9:43 NVI), la oscuridad de afuera (Mateo 8:12 NVI), temor y destrucción (Mateo 10:28 NVI), angustia y dolor (Mateo 25:29-30 NTV), y sufrimiento terrible (Lucas 16:19-31 NVI). Aunque el tema no es agradable, es realmente importante porque si no pasamos tiempo meditando sobre aquello de lo que Jesús nos vino a salvar, podríamos pasar incluso menos tiempo pensando, y cumpliendo, con aquello *para* lo que Él nos salvó.

"El reino de los cielos también es semejante a una red barredera que se echó en el mar, y recogió peces de toda clase".

MATEO 13:47

Cuando le pertenece a Jesús, usted también pertenece al reino, y la gente del reino se reúne. En un mundo donde los grupos se están volviendo más polarizados por el color de la piel, la política, el género, la clase y el país de origen, reunirse se ha convertido en un arte perdido. Somos mucho mejores en aislarnos, juzgar, rechazar, despreciar y distanciarnos, todo eso mientras olvidamos que el reino de Dios es un lugar donde todo el que se rinde a Jesús es bienvenido con los brazos abiertos.

Porque todos los que fueron bautizados en Cristo, de Cristo se han revestido. No hay judío ni griego; no hay esclavo ni libre; no hay hombre ni mujer, porque todos son uno en Cristo Jesús. Y si ustedes son de Cristo, entonces son descendencia de Abraham, herederos según la promesa.

GÁLATAS 3:27-29

Igualmente cierto, según la Biblia, lo contrario a estar en Cristo es estar en el infierno. A propósito, no somos llamados a discernir quién se salva del infierno y quién no. La salvación es obra de Dios porque solamente Él conoce con certeza el corazón, y Él les a delegado a los ángeles la separación de las personas al final de los tiempos. Nosotros no somos ellos, y ese tiempo no es ahora.

En cambio, se supone que debemos pasar nuestros días contándole a los demás lo que Dios ha hecho por nosotros con la esperanza de que ellos crean también y sean salvos. Eso es lo que nos toca hacer. Somos las redes que reúnen porque, al igual que nuestro Salvador, nosotros queremos ver su creación rescatada y restaurada, ver todo tipo de personas ser bienvenidas al reino de los cielos por el Dios que las hizo y las ama.

ENFOQUE DE ORACIÓN

Agradezca a Dios que ha escuchado la buena nueva acerca de Jesús, y por su muerte y resurrección que abrió el camino para que usted entrara al reino de los cielos. Arrepiéntase de cualquier juicio que haya hecho a los demás y que le haya impedido ser una red para ellos. Pida a Dios discernimiento para saber quién de las personas que le rodean necesita escuchar con mayor urgencia su testimonio de salvación junto con el mensaje de que Dios también las ama.

Si todavía no se ha arrepentido ni ha confesado a Jesús como Señor, hágalo ahora. Usted es la razón por la que Él vino, Él quiere que esté con Él en el cielo por toda la eternidad.

DE AHORA EN ADELANTE

- El infierno es difícil de entender, quizá sea esa la razón por la que Jesús nos dio algunos adjetivos, porque si tenemos una noción de cómo es el infierno, podríamos estar más motivados a evitarlo. Busque en la Biblia los versículos que se mencionaron antes y subraye las palabras que lo describen.
- La mayoría de nosotros enfatiza la gracia de Dios *o* el castigo de no seguir a Jesús, lo que significa que tenemos la tendencia de resaltar una sobre el otro. ¿Hacia cuál de los dos se inclina usted y por qué?
- Lea Romanos 5:6-11. En lo que respecta al mensaje del evangelio, ¿por qué es importante mantener tanto la justicia de Dios como su amor en una perspectiva muy clara?

DÍA 29

LO NUEVO Y LO VIEJO

"¿Han entendido ustedes todas estas cosas?". "Sí", le dijeron ellos. Entonces Jesús les dijo: "Por eso todo escriba que se ha convertido en un discípulo del reino de los cielos es semejante al dueño de casa que saca de su tesoro cosas nuevas y cosas viejas".

Mateo 13:51-52

En los libros de Esdras y Nehemías, en el Antiguo Testamento, vemos el nacimiento de los escribas. Cuando los judíos regresaron a Jerusalén, después de su cautiverio en Babilonia, encontraron su ciudad y su templo en ruinas. Se formó rápidamente un plan para reconstruirlos, reinstauraron la adoración en el templo y restauraron los caminos de Dios en la vida de la gente. Así, Esdras empezó a predicarle la ley de Moisés a toda una generación nueva y le explicaba su significado. Él fue el primero en ministrar como un escriba.

Adelantándonos unos 500 años hacia la época Jesús, donde los escribas eran un elemento fijo en la comunidad y una parte integral en la estructura y la práctica de la fe judía. Estos eran personas a quienes los demás recurrían para entender más profundamente la Escritura y su aplicación en su vida. Así que, cuando Jesús le preguntó a los discípulos si ellos entendían las parábolas que Él había estado predicando, *y ellos dijeron sí*, Él los llamó escribas. Después de todo, Él estaba capacitándolos en los caminos de su reino y lo que podría significar para toda una nueva generación. La expectativa era que ellos, a su vez, ministraran y capacitaran a otros.

Eso no es todo. No solamente Jesús les dio a sus seguidores (a los escribas de su reino) las órdenes a seguir, sino que también los comparó al dueño de casa que comparte tanto el tesoro viejo como el nuevo. Sin duda, Jesús estaba revelando muchas verdades nuevas que eran parte la antigua, antigua historia porque cada página del Antiguo Testamento nos señala al Nuevo Testamento, siendo Jesús el *cumplimiento* de cada profecía, el *propósito* de cada historia y la *culminación* del plan de Dios para salvar al mundo de sí mismo.

Era importante que los discípulos entendieran que las cosas que Jesús predicaba tenían un contexto. No solo eso, sino que la historia que Dios ha contado pacientemente desde el huerto del Edén es alta y larga y amplia y profunda y totalmente milagrosa porque las muchas historias son en realidad solo una historia que *todavía señala a Jesús* ya que Él vendrá otra vez para finalizar la obra.

Cuando rendimos nuestra vida a Él, nosotros también entramos en la historia.

Así que, querido lector, ¿ha usted entendido estas cosas? Si su respuesta es sí (o medio sí), ¡aleluya! Y ahora se espera que usted ministre a otros. Aunque no todos somos llamados a posiciones oficiales dentro de la iglesia o a ser misioneros en tierras lejanas o a hacer programas de televisión con base al evangelio, todos somos escribas del reino. Con ese fin, debemos continuar en nuestro estudio de la Escritura, siempre ávidos de más aprendizaje sobre toda la historia, lo viejo y lo nuevo y la manera en que toda ella señala a Jesús. Debemos estar preparados para presentar defensa de la esperanza que hay en nosotros (1 Pedro 3:15), de manera que, como Esdras y los discípulos y todos aquellos que han pasado antes que nosotros, podamos participar en volver a construir las ruinas, en volver a instituir la adoración a nuestro Dios y en restaurar sus caminos entre los demás.

ENFOQUE DE ORACIÓN

Alabe a Dios por inscribirlo a usted en su historia. Agradézcale por darle acceso y conocimiento a su maravillosísimo plan a través de la Biblia. Dele gracias porque Él vendrá otra vez y completará la obra de reconstruir, reinstituir y restaurar. Ore pidiendo más conocimiento, entendimiento y sabiduría junto con la oportunidad para ministrar a otros que lo necesiten a Él.

DE AHORA EN ADELANTE

- No es necesario que usted espere hasta entender toda la Biblia antes de compartir a Jesús con los demás. Según hechos 1:8, ¿dónde empieza su nueva posición como escriba del reino?
- Más específicamente, ¿de quién viene su poder para ser testigo de Jesús?
- Lea 1 Pedro 3:15. ¿Qué puede hacer para estar más preparado para "presentar defensa" para explicarles a los demás en lo que usted cree y por qué?

DÍA 30

EL OTRO LADO

Ese mismo día, caída ya la tarde, Jesús les dijo: "Pasemos al otro lado". Despidiendo a la multitud, lo llevaron con ellos en la barca, como estaba; y había otras barcas con Él. Pero se levantó una violenta tempestad, y las olas se lanzaban sobre la barca de tal manera que ya la barca se llenaba de agua. Jesús estaba en la popa, durmiendo sobre una almohadilla; entonces lo despertaron y le dijeron: "Maestro, ¿no te importa que perezcamos?". Jesús se levantó, reprendió al viento y dijo al mar: "¡Cálmate, sosiégate!". Y el viento cesó, y sobrevino una gran calma. Entonces les dijo: "¿Por qué están atemorizados? ¿Cómo no tienen fe?". Y se llenaron de gran temor, y se decían unos a otros: "¿Quién, pues, es Este que aun el viento y el mar le obedecen?".

Marcos 4:35-41

Jesús nunca se equivoca. *Jamás*. Si dijo algo, es cierto. Si hizo algo, era lo correcto. Conceptualmente, los discípulos empezaban a entender eso, pero en la práctica, todavía les costaba creerlo cuando las cosas se ponían difíciles.

Antes de subir a la barca ese día, Jesús le enseñaba a una multitud acerca del reino de Dios; lo que también se conoce como el gobierno soberano de Dios sobre absolutamente todo. Entre lo que dijo se incluía una parábola sobre un sembrador de semillas (Marcos 4:1-9), pero los discípulos no lo entendieron. Más tarde, cuando estaban a solas, Jesús explicó más a fondo y dijo: "A ustedes les ha sido dado el misterio del reino de Dios" (Marcos 4:11). Los discípulos ignoraban que en lo que respecta al gobierno soberano de Jesús, ellos estaban a punto de tener una tremenda lección práctica.

Mientras cruzaban el mar, empezó una tormenta muy fuerte que era tan intensa que hasta los pescadores más experimentados se consideraban perdidos, lo cual hizo que la siesta de Jesús pareciera mucho más ridícula. Molestos por la habilidad de Jesús para dormir en medio del caos, los discípulos lo despertaron y dijeron: "Maestro, ¿no te importa que perezcamos?".

¿En serio?

Hagamos una pausa allí. El Hijo de Dios, quien se despojó a sí mismo tomando la forma de un siervo para sufrir y tener una muerte dolorosísima por amor a una humanidad pecadora (Filipenses 2:7), sus discípulos, a quienes había elegido personalmente y les había enseñado a diario, le preguntaron si ellos le importaban un bledo a Él.

No es de sorprenderse que Él no les contestara directamente.

En verdad, Jesús ya les había dicho todo lo que necesitaban saber al decirles: "Pasemos al otro lado" (Marcos 4:35). Y debido a que sus palabras nunca están equivocadas, Él descansó en ellas. Literalmente. Jesús tomó una siesta porque, incluso en medio de una tormenta muy fuerte, no había razón alguna para asustarse. Sorprendidos después de haberlo visto reprender a la tormenta con un solo mandato, los discípulos preguntaron: "¿Quién, pues, es Este que aun el viento y el mar le obedecen?" (versículo 41).

En realidad, esa fue una pregunta mucho mejor. La respuesta es que Él es Aquel que nunca se equivoca. Aquel que es soberano sobre absolutamente todo, incluso cuando las circunstancias se ponen difíciles. Entonces, a nosotros nos toca dejar de asustarnos por eso porque nosotros no estamos perdidos. Somos más que vencedores y se nos ha dado el secreto del reino de Dios (Romanos 8:31-39), y Jesús nos ha lo ha prometido, a pesar de las tormentas que, con toda seguridad, surgirán. Nosotros vamos a llegar al otro lado.

Lo que significa que podemos descansar en ello.

ENFOQUE DE ORACIÓN

Pídale a Dios que lo perdone por las veces que lo ha acusado de no tener cuidado de usted. Agradézcale por su gobierno soberano sobre absolutamente todo en su vida, incluyendo las tormentas. Alábelo por todas las promesas que Él nos da y en las que podemos descansar, y luego, decida descansar realmente.

DE AHORA EN ADELANTE

- ¿Qué lección práctica ha permitido Dios en su vida a fin de poder demostrarle a usted que Él es soberano?
- ¿De qué manera reaccionó? ¿Se sintió asustado y supuso que a Jesús no le importaba, o descansó en las promesas que Él nos ha dado?
- ¿Le confía verdaderamente su vida a Jesús? Autoanalícese cuidadosamente y sea sincero.

DÍA 31

INCREDULIDAD

"¿No es Este el carpintero, el hijo de María, y hermano de Jacobo, José, Judas y Simón? ¿No están Sus hermanas aquí con nosotros?". Y se escandalizaban a causa de Él. Y Jesús les dijo: "No hay profeta sin honra sino en su propia tierra, y entre sus parientes y en su casa". Y no pudo hacer allí ningún milagro]; solo sanó a unos pocos enfermos sobre los cuales puso Sus manos. Estaba maravillado de la incredulidad de ellos. Y recorría las aldeas de alrededor enseñando.

MARCOS 6:3-6

Las multitudes de todos los puntos cardinales se asombraban de la capacidad para sanar que Jesús tenía (Mateo 9:32-33, 15:30-31; Lucas 8:25, 13:17). Todos quedaban cautivados por la profundidad de su conocimiento, lo inexplicable de su sabiduría y por su manera mística de hablar (Mateo7:28-29; Marcos 1:21-22, 6:2; Juan 7:15). Sin embargo, cuando Él regresó a Galilea, la ciudad donde creció, ninguna cantidad de milagros pudo persuadir a la gente de que Él fuera algo más que solo el hijo del carpintero.

Y Jesús se maravilló de su incredulidad.

Es muy difícil imaginar no hacer algo lo suficientemente grande como maravillar al Dios encarnado, pero la terquedad de la gente al resistirse a que su mente cambiara hizo exactamente eso. La cosa es que nosotros leemos nuestras Biblias y juzgamos duramente a los hombres y mujeres que se equivocó, pero nosotros somos mucho mejores en nuestra incredulidad de lo que somos en nuestra credulidad. Somos rápidos para resistir y lentos para rendirnos. Queremos más pruebas, más persuasión y que más de nuestras expectativas se cumplan. Retenemos la fe como si Dios debiera hacer más antes de que aceptemos lo que ya ha hecho.

Me pregunto con cuanta frecuencia lo maravillamos a Él.

La gente en los días de Jesús esperaba que el Mesías fuera como un rey poderoso y mucho más impresionante de lo que Él era. Y de sus expectativas no cumplidas surgió su incredulidad. La gente de nuestra época también tiene expectativas específicas acerca de Dios, pero el Creador no le debe *más* a su creación que toda cosa llena de gracia que Él ya ha exhibido. "Pues, desde la creación del mundo, todos han visto los cielos y la tierra. Por medio de todo lo que Dios hizo, ellos pueden ver a simple vista las cualidades invisibles de Dios: su poder eterno y su naturaleza divina. Así que no tienen ninguna excusa para no conocer a Dios" (Romanos 1:20 NTV).

Debido a su bondad y amor, Dios es paciente cuando a nosotros nos cuesta salir adelante en los asuntos de la fe. Él sabe que las expectativas no cumplidas pueden ser dolorosas, confusas y hasta pueden desviarnos por un tiempo. Por amor a nosotros su corazón es tierno, no desea que nadie perezca en incredulidad (2 Pedro 3:9), lo cual explica por qué Él nos da toda oportunidad para creer. Es por eso que Él muestra su poder y su carácter para que todos lo veamos a través de la creación por sí misma, y luego, al *entrar en* esa creación a través de la vida, la muerte y la resurrección de Jesucristo.

Sin duda, se nos ha dado toda oportunidad para creer. Sin embargo, no se equivoque; Dios ve la dureza del corazón y nuestra terca resistencia a dejar que nuestra mente cambie. Al igual que la gente en la ciudad donde Jesús creció, si nosotros continuamos en nuestra incredulidad, será el rey Jesús, en persona, quien finalmente nos pedirá cuenta de ello.

Pues todos tendremos que estar delante de Cristo para ser juzgados. Cada uno de nosotros recibirá lo que merezca por lo bueno o lo malo que haya hecho mientras estaba en este cuerpo terrenal.

2 Corintios 5:10 NTV

ENFOQUE DE ORACIÓN

Confiese las formas en que lucha con la incredulidad. Claro está, Dios ya sabe lo que hay en su mente y corazón, pero decírselas a Él en voz alta y en oración le ayuda a lidiar verdaderamente contra ellas. Pida a Dios que le aumente la fe y que crezca su entendimiento de lo que es cierto. Agradézcale por ser paciente, amoroso y misericordioso con su creación y por darle toda oportunidad para conocerlo y creer en Él.

DE AHORA EN ADELANTE

- ¿De qué maneras está luchando con la incredulidad?
- Lea Romanos 1:20 y 2:14-15. Subraye en su Biblia la manera en que la creación *al igual que su propia consciencia* son testigos de quien Dios es.
- ¿De qué manera ha demostrado Dios ser quien es ante usted en el pasado? ¿Cómo debería impactar el recuerdo de esas cosas la manera en que usted lucha actualmente para creer que Dios es quien dice ser y que Él cumplirá lo que dice que hará?

DÍA 32

PANES Y PESCADOS

Parte 1

Entonces Jesús les dijo: "Vayamos solos a un lugar tranquilo para descansar un rato". Lo dijo porque había tanta gente que iba y venía que Jesús y sus apóstoles no tenían tiempo ni para comer. Así que salieron en la barca a un lugar tranquilo, donde pudieran estar a solas; pero muchos los reconocieron y los vieron salir, y gente de muchos pueblos corrió a lo largo de la orilla y llegó antes que ellos. Cuando Jesús salió de la barca, vio a la gran multitud y tuvo compasión de ellos porque eran como ovejas sin pastor. Entonces comenzó a enseñarles muchas cosas.

Marcos 6:31-34 NTV

Los discípulos verdaderamente no tenían recursos. Acababan de regresar de su primer viaje de predicación y sanidad, lo cual debe haber sido completamente extenuante (Marcos 6:7-13). Sin duda, estaban físicamente agotados ya que habían andado por todas partes; lo que significa que probablemente les dolían los pies (imagine caminar con las sandalias del primer siglo sobre un terreno rocoso) y no habían dormido (piense en una cama nueva en cada pueblo nuevo y en la falta de camas en algunos otros pueblos). Probablemente estaban cansados mental y emocionalmente, ya que Jesús no les había permitido llevar ninguna provisión para el viaje, ni siquiera una túnica extra (imagine que no hay valijas, ni billeteras, ni recursos de ningún tipo). Sin mencionar que ministrar todos los días a gente lastimada debe haber sido sencillamente difícil. Aunque Dios fue fiel y todas las necesidades de ellos estuvieron cubiertas, la experiencia vivida era mucho para procesar.

Ellos necesitaban un descanso y Jesús lo sabía, por eso, los invitó a descansar.

Excepto que no pudieron hacerlo porque llegaron miles de personas.

Dado que las noticias de los sobrenatural se esparcieron rápidamente, la gente de la ciudad reconoció a Jesús y a los discípulos, y los siguieron al lugar aislado. Qué desilusión debe haber sido tener la expectativa del descanso y que, en vez de eso, "unas ovejas sin pastor" les den la bienvenida. Ay, el gran caos que había en ese lugar mientras hombres, mujeres y niños clamaban para escuchar, ver y ser vistos —cada uno de ellos con sus propias cargas, heridas, escepticismo y curiosidad. Y Jesús tuvo compasión de ellos. Después de todo, Jesús sabía que Dios seguiría proveyendo la fortaleza y la energía que Él y sus seguidores iban a necesitar para ayudar a las multitudes de lastimados.

A propósito, las ovejas son necesitadas por naturaleza; sin un pastor, no iban a durar mucho tiempo. En los días de Jesús, los pastores trabajaban y dormían a la intemperie, trasladando a sus rebaños a pastos más frescos cuando el sol amenazaba con matarlas por el calor. Ellos las albergaban en cuevas para protegerlas de las hienas y los jacales. Permanecían muy vigilantes para protegerlas de que cayeran en zanjas o desfiladeros. Era un trabajo difícil e incesante. Y aquí, frente a Jesús, había personas de quienes Él dijo que parecían ovejas:

muriendo por el calor extenuante por la opresión romana de los impuestos y la brutalidad, sus almas eran desviadas por las hienas y los jacales vestidos de falsos maestros, cayendo frecuentemente en los abismos y las zanjas de la trivialidad y la división, abandonadas en un valle de temor, sombre y muerte.

La necesidad era enorme, pero Jesús estaba por acercarse.

¿Y en cuanto a los discípulos? No mucho. Estaban cansados y también asombrados. Porque los seres humanos no solo olvidamos rápidamente lo que Dios ha logrado en nosotros y a través de nosotros (piense en el muy reciente viaje de sanidad y predicación), sino que también tendemos a pensar que los problemas que están frente a nosotros son para que alguien más los resuelva.

Y ese es un gran problema.

ENFOQUE DE ORACIÓN

El Señor es mi pastor,
Nada me faltará.
En lugares de verdes pastos me hace descansar;
Junto a aguas de reposo me conduce.
Él restaura mi alma;
Me guía por senderos de justicia
Por amor de Su nombre.

Aunque pase por el valle de sombra de muerte,
No temeré mal alguno, porque Tú estás conmigo;
Tu vara y Tu cayado me infunden aliento.
Ciertamente el bien y la misericordia me seguirán
todos los días de mi vida,
Y en la casa del Señor moraré por largos días.

SALMO 23:1-4, 6

DE AHORA EN ADELANTE

- ¿Está o ha estado alguna vez profundamente cansado (física, espiritual o emocionalmente)?
- ¿De qué manera ha sido Dios fiel para cubrir sus necesidades y también invitarlo a descansar?
- ¿Dónde ve gran necesidad cerca de usted? ¿Dónde puede ver ovejas sin pastor?

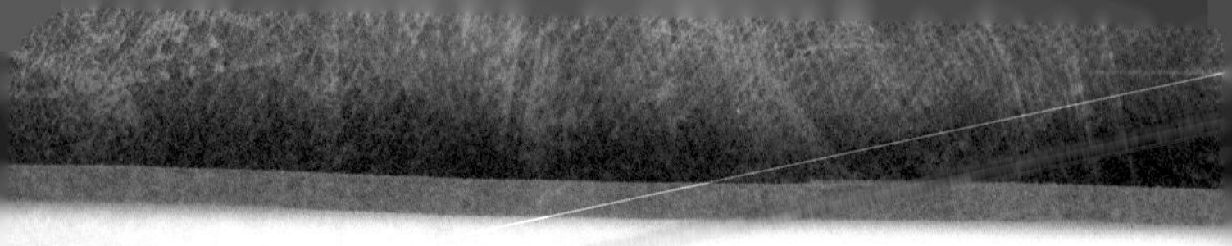

DÍA 33

PANES Y PESCADOS

Parte 2

Al atardecer, los discípulos se le acercaron y le dijeron: —Este es un lugar alejado y ya se está haciendo tarde. Despide a las multitudes para que puedan ir a las granjas y aldeas cercanas a comprar algo de comer. Jesús les dijo: —Denles ustedes de comer. —¿Con qué?— preguntaron—. ¡Tendríamos que trabajar durante meses para ganar suficiente a fin de comprar comida para toda esta gente! —¿Cuánto pan tienen?— preguntó—. Vayan y averigüen. Ellos regresaron e informaron: —Tenemos cinco panes y dos pescados.

MARCOS 6:35-38 NTV

"Denles ustedes algo de comer. *Ustedes.* Estas personas a quienes amo no son el problema de alguien más. Es más, he decidido que ellas sean problema de *ustedes*". Está bien, esa no es una cita directa, pero usted entiende la idea porque, en realidad, Jesús había creado las circunstancias en las que ahora se encontraban los discípulos. Después de todo, Él fue quien habló durante un tiempo verdaderamente largo en un lugar desolado, demasiado largo en verdad, porque ahora la multitud tenía hambre y ya era tarde.

Por supuesto, los discípulos no tenían el poder ni el dinero para alimentar a tantos. ¡Por el amor de Dios!, ellos acababan de regresar del campo misionero donde Dios cubrió todas sus necesidades porque no tenían nada. Y Él muchas veces usa a otras personas para que provean. "[Jesús] les dijo que no llevaran nada para el viaje—ni comida, ni bolso de viaje, ni dinero—sino solo un bastón. Les permitió llevar sandalias pero no una muda de ropa. Les dijo: "Por todo lugar que vayan, quédense en la misma casa hasta salir de la ciudad" (Marcos 6:8-10 NTV).

Así que era un escenario distinto, pero con el mismo Dios. Aquel que ahora les decía a los discípulos que alimentaran a la gente era el mismo que les dijo que no llevaran nada en su viaje porque *Él iba a proveer* en sus momentos de necesidad, ya fuera comida y albergue, a través de la hospitalidad de otros o a través de milagros. Y como resultado, sucedieron grandes cosas. "Entonces los discípulos salieron y decían a todos que se arrepintieran de sus pecados y volvieran a Dios. También expulsaban muchos demonios y sanaban a muchos enfermos ungiéndolos con aceite de oliva" (Marcos 6:12-13 NTV).

Aquí, volvían a estar necesitados, solo que esta vez ellos eran los anfitriones y estaban desconcertados. ¿Cómo puede ser? Jesús acababa de facultar a estos hombres para que sanaran en su nombre cuando Él ni siquiera estuviera con ellos. Aun así, ninguno de ellos pensó que Jesús era la solución de la crisis de alimentos. Presten mucha atención y podrían escuchar el sonido leve como el de un golpeteo en cabezas huecas pues, sinceramente, ellos ya deberían haberlo sabido.

Quizás el cansancio los hizo olvidarlo. O, tal vez, cada situación nueva requiere de un curso recordatorio en la fe. De cualquier manera, Jesús fue paciente con la pregunta sarcástica que le hicieron (¿Debemos ir a comprar doscientos denarios de pan y darles de comer?) y les planteó una de las propias: "¿Cuántos panes tienen?". Es decir, "la gente que está frente a ustedes está necesitada, y ustedes tienen acceso a Aquel quien (1) ama a la gente, y (2) tiene el poder para hacer todas las cosas. De manera que tráiganme lo que tienen: su fe que, aunque es pequeña, crece y el almuerzo de un niño (Juan 6:9), pues la provisión se origina y abunda en mis manos".

¡Aviso anticipado! Todos comieron ese día y los discípulos fueron quienes repartieron la comida. Jesús no hizo que la comida apareciera en el regazo de las personas (aunque podría haberlo hecho fácilmente). En cambio, enroló a sus seguidores para que ayudaran. ¡Qué regalo tan grande!, no solo para la multitud hambrienta, sino para los hombres que tuvieron el privilegio de inclinarse y ver toda una clase nueva de milagros. De igual modo, vieron cómo la gente que Dios amaba se satisfacía y cambiaba para siempre.

Pero hablaremos más de eso dentro de un minuto.

ENFOQUE DE ORACIÓN

Agradezca a Dios por ser el gran proveedor. Dele gracias por las formas específicas en que Él tiene cuidado de usted. Llévele cualquier necesidad que le haya hecho sentir abrumado o temeroso. Pídale que tome su pequeña ofrenda de fe y que lo use a usted para atender a otros que pasan necesidad.

DE AHORA EN ADELANTE

- ¿Cuál es su necesidad más grande en este momento?
- ¿Cuáles son algunas necesidades a su alrededor en las que Dios quiere que usted se acerque? Si no lo sabe, pídale que se lo muestre.
- ¿Cuáles son algunas cosas en las que Dios ya ha provisto para usted (dinero, tiempo, talento, influencia, etc.) y que podría ofrecer para que Él lo use a usted?

DÍA 34

PANES Y PESCADO

Parte 3

Entonces Jesús les dijo a los discípulos que sentaran a la gente en grupos sobre la hierba verde. Así que se sentaron en grupos de cincuenta y de cien. Jesús tomó los cinco panes y los dos pescados, miró hacia el cielo y los bendijo. Luego, a medida que partía los panes en trozos, se los daba a sus discípulos para que los distribuyeran entre la gente. También dividió los pescados para que cada persona tuviera su porción. Todos comieron cuanto quisieron, y después los discípulos juntaron doce canastas con lo que sobró de pan y pescado. Un total de cinco mil hombres y sus familias se alimentaron.

Marcos 6:39-44

La gente estaba satisfecha, lo cual no es algo que escuchemos con frecuencia porque los seres humanos raras veces lo están. No solamente Jesús convirtió cinco panes y dos pescados en una comida para miles, sino que también sobraron doce canastas, una por cada para llenarla, verla y maravillarse del porqué dudó de Jesús en primer lugar. A este punto, ellos habían experimentado muchos milagros, debían haber considerado el problema como una oportunidad para que Jesús hiciera algo maravilloso otra vez. Desafortunadamente, los discípulos eran muy parecidos a nosotros: con frecuencia, llenos de confusión, temor y duda.

Qué pena, somos lentos para aprender. A pesar de lo despistados que estaban los discípulos, la gente recibió alimento y las canastas estaban llenas y todos nosotros nos beneficiamos de la historia, porque la verdad es que nuestra vida tendría un cambio radical si nuestra perspectiva de la provisión generosa de Dios cambiara.

Si tan solo le creyéramos a la Biblia cuando dice que Él derrama bendiciones sobre sus hijos.

Traigan íntegro el diezmo para los fondos del templo, y así habrá alimento en mi casa. Pruébenme en esto —dice el Señor Todopoderoso—, y vean si no abro las compuertas del cielo y derramo sobre ustedes bendición hasta que sobreabunde.

Malaquías 3:10 NVI

Si tan solo entendiéramos eso, para quienes siguen a Jesús, la provisión de Dios es continua y abundante, y satisface el alma.

Y Dios puede hacer que toda gracia abunde para ustedes, de manera que siempre, en toda circunstancia, tengan todo lo necesario, usted abundará en cada cosa que haga.

2 Corintios 9:8

Si tan solo entendiéramos verdaderamente su gracia y lo que esta ha logrado en nuestro beneficio.

En Él tenemos redención mediante Su sangre, el perdón de nuestros pecados según las riquezas de Su gracia que ha hecho abundar para con nosotros. En toda sabiduría y discernimiento nos dio a conocer el misterio de Su voluntad, según la buena intención que se propuso en Cristo, con miras a una buena administración en el cumplimiento de los tiempos, es decir, de reunir todas las cosas en Cristo, tanto las que están en los cielos, como las que están en la tierra.

Efesios 1:7-10

¡Pobres discípulos! Habría sido necesario tomar unos cuantos años más y aproximadamente catorce capítulos más en el evangelio de Marcos para que los primeros seguidores de Jesús lo entendieran *verdaderamente.* Entender que, sin importar las circunstancias, la fidelidad de Dios para proveer prevalecerá. Afortunadamente, lo entendieron al final, y eso les permitió ir por todo el mundo proclamando la verdad acerca de Jesús incluso hasta el día de su muerte (Marcos 16:14-20). Ellos habían visto y experimentado demasiado como para no hacer nada excepto acercarse, ofrecer sus panes y pescados, y confiar en que Aquel que alimentó a las masas proveería generosamente todas las cosas.

Y así lo hizo.

Y a Aquel que es poderoso para hacer todo mucho más abundantemente de lo que pedimos o entendemos, según el poder que obra en nosotros, a Él sea la gloria en la iglesia y en Cristo Jesús por todas las generaciones, por los siglos de los siglos. Amén.

Efesios 3:20-21

ENFOQUE DE ORACIÓN

Reconozca que Dios tiene el poder para hacer todas las cosas. Agradézcale que Él promete satisfacer las necesidades de sus hijos y pídale ayuda para creer en Él. Ore por las oportunidades para compartir las buenas nuevas de Jesús con quienes están perdidos, confiando en que Dios proveerá las palabras, el tiempo y los recursos necesarios. Agradézcale por permitirle ser parte de su gran obra.

DE AHORA EN ADELANTE

- ¿Cree que Dios provee generosamente para quienes siguen a Jesús? ¿Por qué?
- ¿Cuál es la diferencia entre tener todo lo que quiere y en estar satisfecho?
- Lea 2 Corintios 9:8. ¿Cuál es el resultado natural de la provisión abundante de Dios?

DÍA 35

EL GENIO EN LA BOTELLA

Aconteció que mientras Jesús iba camino a Jerusalén, pasaba entre Samaria y Galilea, y al entrar en cierta aldea, le salieron al encuentro diez hombres leprosos, que se pararon a distancia, y gritaron: "¡Jesús, Maestro! ¡Ten misericordia de nosotros!". Cuando Él los vio, les dijo: "Vayan y muéstrense a los sacerdotes". Y sucedió que mientras iban, quedaron limpios. Entonces uno de ellos, al ver que había sido sanado, se volvió glorificando a Dios en alta voz. Cayó sobre su rostro a los pies de Jesús, y le dio gracias; y este era samaritano. Jesús le preguntó: "¿No fueron diez los que quedaron limpios? Y los otros nueve, ¿dónde están? ¿No hubo ninguno que regresara a dar gloria a Dios, excepto este extranjero?". Entonces le dijo: "Levántate y vete; tu fe te ha sanado".

LUCAS 17:11-19

Diez leprosos que se quedaron a distancia... Por ley y debido a que la condición de los leprosos se consideraba como extremadamente contagiosa, ellos no tenían permiso de estar a menos de cuatro codos de distancia con los que no eran leprosos. De hecho, se les forzaba a vivir en el desierto, en colonias designadas y se les obligaba a gritar "¡inmundos!, ¡inmundos!" para que nadie entrara accidentalmente dentro del rango legal. Resulta que eso de la distancia no cambió incluso después de que los hombres fueron sanados porque solamente uno de ellos regresó a Jesús. ¿Y el resto? Nadie sabe.

Parece absurdo, ¿cierto? Fueron rescatados de una enfermedad cruel que hacía que se formaran abultamientos, así como heridas similares a escamas en todo su cuerpo, lo que llevaba a una degeneración completa de la piel y se les torcían y deformaban los huesos. Uno pensaría que el corazón de cada uno se habría unido eternamente al de Jesús, su vida estaría completamente comprometida con Aquel que tenía poder sobre la enfermedad y la muerte; Aquel que los rescató de la soledad y la desesperación, de la angustia y la desesperanza, Aquel que se acercó a ellos cuando nadie más lo haría.

¡Qué va! Ellos obtuvieron su deseo y eso era por lo que vinieron.

Desafortunadamente, nosotros no somos muy diferentes de los nueve que no regresaron. Al igual que ellos, tendemos a buscar a Jesús por lo que Él puede hacer por nosotros en vez de por quien Él es. En los momentos de desesperación, ofrecemos plegarias desesperadas y hasta promesas de ser más fieles si tan solo Dios interviene de la manera que queremos que lo haga. Y luego, al igual que aquellos que llamaban a Jesús "Maestro" cuando les servía para sus propósitos *pero que nunca lo dijeron sinceramente*, a veces nosotros no vemos hacia atrás una vez que obtenemos lo que nos acercó a Él en primer lugar. Tratamos al Rey del universo como si Él fuera un genio que concede deseos, y nos perdemos completamente de lo mejor: una relación eterna, íntima, que afirma nuestra alma y regenera nuestra paz con Aquel que nos ama lo suficiente para acercase a nosotros.

¡Ah, si pudiéramos ser como el hombre que regresó corriendo a Jesús, aquel a quien su enfermedad lo guio al Salvador! Cuando Jesús dijo: "Tu fe te ha sanado", Él no se refería al cuerpo físico del hombre porque ese día *todos* los hombres recibieron sanidad de su lepra en el camino a Jerusalén. No, Jesús hablaba acerca de su corazón y de la sanidad que importa hasta la eternidad. La sanidad que nos liberta de la condición cruel del pecado y la muerte. La sanidad que erradica la distancia, que nos concede una intimidad y un acceso permanente a nuestro Hacedor. La sanidad que, aunque quizá no siempre sea nuestro deseo más inmediato, pronto se convierte en nuestro mayor tesoro, nuestro alivio profundo y nuestra más alta esperanza.

ENFOQUE DE ORACIÓN

Acérquese a Dios. Agradézcale por lo que Él ha hecho por usted y la manera en que lo ha ayudado y sanado. Luego, concéntrese en *quién es Él* y medite en sus cualidades: su amor (Romanos 8:35-39), su bondad (Tito 3:4-6), su fidelidad (2 Timoteo 2:13), su bien (Salmo 31:19), y su misericordia (Efesios 2:4-7), solamente para nombrar algunos.

DE AHORA EN ADELANTE

- ¿Cuáles son las circunstancias que lo han empujado hacia Jesús y por qué?

- Si el poder de Dios no lo guía a adentrarse en su presencia, entonces lo está haciendo de manera equivocada. ¿De qué maneras está usted tratándolo a Él como el genio de la botella en lugar de tratarlo como su Salvador y Maestro?
- Jesús le preguntó al hombre: "¿No hubo ninguno que regresara a dar gloria a Dios, excepto este extranjero?" (Lucas 17:18). Que este sea su nuevo objetivo para alabar a Dios diariamente por quien es Él y por todo lo que Él ha hecho.

DÍA 36

DE LO IMPOSIBLE A LO POSIBLE

Jesús, mirándolos, les dijo: "Para los hombres eso es imposible, pero para Dios todo es posible".

MATEO 19:26

Cuando la gente se une para alcanzar un objetivo, sucede algo relevante. Primero, están de acuerdo en que el objetivo es posible. Luego, se hacen los planes, se asignan las tareas, se logra el avance y se hace historia. Puede haber una reacción enormemente inspiradora, o puede ser un absoluto desastre. Dependerá del objetivo y la razón por la que la gente quiere lograrlo.

En lo que respecta a los objetivos y planes cristianos, preferimos acordarnos de que "con Dios todo es posible". Sin embargo, muchas veces olvidamos la primera mitad de ese versículo, el cual es: "Para los hombres eso es imposible". También tenemos la tendencia a olvidarnos del contexto y la razón por la que Jesús lo dijo, que fue para responderle a los discípulos la pregunta original: *¿Quién podrá salvarse?*

Toda esa conversación sucedió justo después de que un joven rico se alejó de Jesús porque él no estaba dispuesto a deshacerse de todas sus cosas. Aunque era le *posible* cumplir la ley y construir una fortuna, él no quería perder su reino personal por rendirse a Jesús (Mateo 19:16-26). Lo que significa que era *imposible* para él salvarse de sí mismo.

En Génesis, hay una historia similar que ilustra la proporción entre lo posible y lo imposible, pero a una escala más grande. Después del diluvio, Dios le dijo a la gente "sean fecundos y multiplíquense, y llenen la tierra", (Génesis 9:11) pero ellos no querían hacerlo. Así que decidieron quedarse como estaban y crear una sociedad ideal en aras de ser fantásticos. Unidos en su narcisismo, dijeron: "Vamos, edifiquémonos una ciudad y una torre cuya cúspide llegue hasta los cielos, y hagámonos un nombre famoso, para que no seamos dispersados sobre la superficie de toda la tierra" (Génesis 11:4).

Dios no estuvo de acuerdo con el plan detestable que ellos tramaron, y dijo: "Son un solo pueblo y todos ellos tienen la misma lengua. Esto es lo que han comenzado a hacer, y ahora nada de lo que se propongan hacer les será imposible" (Génesis 11:6). Quédese tranquilo, Dios no estaba nervioso ni se sentía amenazado por lo que la gente podía lograr. En realidad, Él les permitió que fueran se dejaran llevar por su propia tontería. Los observó mientras se unían por un objetivo común, hicieron los planes, asignaron tareas y lograron algún avance. Pero, luego, Él lo desmanteló todo al confundir su lenguaje y esparcirlos por toda la tierra, porque ese era el plan *de Dios*. Él ya había dejado eso en claro.

Resulta que para el hombre es posible construir todo tipo de cosas: una fortuna, una torre, una ciudad, una empresa, una organización sin fines de lucro, una célula terrorista, un grupo de teatro, una liga de bolos, un régimen tirano... lo que sea. Dios nos ve mientras nos unimos y hacemos planes. Y nos deja solo hasta que nuestro plan interfiere con el de Él. En cuyo caso, Él desmantela ese esquema más rápido de lo que usted puede decir: "No hay sabiduría humana ni entendimiento ni proyecto que puedan hacerle frente al Señor" (Proverbios 21:30).

A propósito: aunque es imposible que nuestros planes contra el Señor tengan éxito, es muy seguro que sí lo tendrán en contra nuestra. Al igual que el joven rico, podemos construir un reino personal y luego apartarnos de todo lo que Jesús tiene para ofrecer. O, al igual que los ególatras que querían construir una torre, nosotros podemos sucumbir a la presión de grupo y desviarnos del plan de Dios. De cualquier manera, perdemos; por eso, necesitamos desesperadamente que el Imposible intervenga.

Y por qué debemos responder cuando Él lo haga.

Algo relevante sucede cuando la gente obediente y entregada se une con Cristo para alcanzar los objetivos de Él. Primero, están de acuerdo con los hombres las cosas más importantes son imposibles. Luego, crecen en la fe, creyendo que *con* Dios todo es posible. Se hacen los planes del reino, se asignan las tareas y se hace historia. Finalmente, todo es enormemente inspirador porque Dios, y solo Dios, puede salvarnos de un desastre absoluto que es nosotros mismos.

ENFOQUE DE ORACIÓN

Pídale a Dios que le revele cuando alguno de sus planes interfiera con los de Él. Ore para que Él exponga cualquier reino personal que usted esté construyendo o los hábitos de la presión de grupo que le estén impidiendo que pueda seguirlo a Él de todo corazón. Alábelo por intervenir y salvarlo de sí mismo.

DE AHORA EN ADELANTE

- ¿Hay algo que usted haya construido y que sería muy difícil de dejar si Jesús se lo pidiera?
- ¿Alguna vez ha sucumbido a la presión de grupo que estaba en oposición directa al plan de Dios? Explique.
- ¿De qué manera ha interrumpido Dios *su posible con el imposible de Él?* ¿De qué manera cambiaron sus planes y su listado de tareas?

DÍA 37

ESPERANZA EN MEDIO DEL PROBLEMA

"Aquí en el mundo tendrán muchas pruebas y tristezas; pero anímense, porque yo he vencido al mundo".

JUAN 16:33 NTV

Aunque hermosa, la vida está llena de decepciones, angustias y dolor. Es el precio que pagamos por transitar en este mundo y experimentar todo lo que ofrece pues junto con lo bueno, también hay un montón de cosas malas. Jesús se aseguró de que los discípulos supieran que seguirlo a Él no los libraría de la tribulación. Ya que habían vivido en el mundo por un tiempo, ellos le creyeron. De hecho, de todas las promesas de Jesús, esta es probablemente la más fácil de creer para *todos* nosotros.

Ya que los problemas son algo seguro, tratar de evitarlos sería una búsqueda sin esperanza, lo cual es la razón por la que Jesús lo dijo tan claramente, y el porqué Pablo nos dice: "Y no solo esto, sino que también nos gloriamos en las tribulaciones, sabiendo que la tribulación produce paciencia; y la paciencia, carácter probado; y el carácter probado, esperanza. Y la esperanza no desilusiona, porque el amor de Dios ha sido derramado en nuestros corazones por medio del Espíritu Santo que nos fue dado" (Romanos 5:3-5). Resulta que no se supone que debamos huir de los problemas, ni ignorarlos; mucho menos que debamos recibir una indemnización por ellos. Más bien, somos llamados a gloriarnos en ellos *(¡eso faltaba!)* porque a través de las pruebas de la vida, descubrimos la *esperanza.*

Sin embargo, a pesar de la formación de carácter que nos ofrece el sufrimiento, ninguno de nosotros opta por las cosas difíciles. Nadie elegiría la enfermedad en vez de la salud, el fracaso en vez del éxito, las pérdidas en vez de las ganancias o la tragedia en vez del triunfo. Lo cual, dicho sea de paso, por eso es exactamente que Dios nos permite luchar, y la razón por la que Él dispone oportunidades dentro de las dificultades que de otra manera rechazaríamos.

Él está asegurando nuestra esperanza.

La esperanza forjada a través de los problemas se arraiga muy bien. Nos transforma en maneras que nunca podrían surgir de la gratificación inmediata o el alivio prematuro, porque cuando la vida es fácil y pocas nuestras preocupaciones, nosotros, sencillamente, no crecemos en todas las formas en que Dios quiere que lo hagamos. Eso no quiere decir que no debemos orar para que tengamos alivio de los problemas; definitivamente, debemos hacerlo (Filipenses 4:6-7). Pero si Dios elige guiarnos por un camino saturado de surcos y obstáculos, se debe a que Él está formando en nosotros un peregrino que persevera y que tiene un carácter como el de Cristo, y una esperanza que no avergüenza.

Esa es la razón por la que nos gloriamos. Porque a pesar de las decepciones, las angustias y el dolor, la vida con Jesús es realmente hermosa. Nuestro Salvador pagó el precio de nuestro pecado a través de su muerte, para que pudiéramos ser peregrinos en este mundo y experimentar la victoria que Él ofrece a través de su resurrección (1 Pedro 2:24-25). Es posible que no estemos libres de problemas mientras aún estamos aquí, pero de todas las promesas de Jesús, ésta nos llevará al cielo:

"Yo he vencido al mundo".

ENFOQUE DE ORACIÓN

Pida en oración que Dios lo siga fortaleciendo constantemente a medida que usted persevera en los problemas. Pídale que desarrolle en usted un carácter que se parezca al de Él. Agradézcale por enseñarle la diferencia entre la esperanza puesta en lo equivocado y nuestra esperanza máxima en Cristo; y que le ayude a entender que somos victoriosos porque Él es victorioso, del mismo modo lo son todos los que confían en Él.

DE AHORA EN ADELANTE

- ¿De qué formas ha intentado huir de los problemas (entumeciéndolo, ignorándolo, exigiendo ser indemnizado, [solo para mencionar algunas])?
- Describa una circunstancia de su vida que le haya formado perseverancia y carácter. ¿Cómo lo cambió eso?
- ¿Cuál es su máxima esperanza y por qué?

DÍA 38

ANÍMESE

Enseguida Jesús hizo que los discípulos subieran a la barca y fueran delante de Él a la otra orilla, mientras Él despedía a la multitud. Después de despedir a la multitud, subió al monte a solas para orar; y al anochecer, estaba allí solo. Pero la barca ya estaba muy lejos de tierra, y era azotada por las olas, porque el viento era contrario. A la cuarta vigilia de la noche (3 a 6 a.m.), Jesús vino a ellos andando sobre el mar. Y los discípulos, al ver a Jesús andar sobre el mar, se turbaron, y decían: "¡Es un fantasma!". Y de miedo, se pusieron a gritar. Pero enseguida Jesús les dijo: "Tengan ánimo, soy Yo; no teman".

Mateo 14:22-27

Esa noche, allí, a la mitad del lago, había muchas cosas que los discípulos podían legítimamente temer: para empezar, el viento y las olas. Otra era la amenaza constante de que los líderes religiosos los arrestaran. Y una más, el abuso eterno y la pesada carga de los impuestos resultado de vivir bajo la ocupación romana. Añada a eso la fama del grupo que se esparcía rápidamente, las multitudes crecientes y la duda inevitable de si su vida volvería alguna vez a ser la misma. Así que, sí, definitivamente había razones para sentir temor.

Incluyendo al supuesto fantasma.

Así es. Mientras los hombres adultos se esforzaban en remar, vieron algo que hizo que todos los doce "gritaran de miedo". Y antes de que usted haga una mueca de juicio (como nosotros la hicimos), analice el contexto:

1. Estos hombres (la mayoría de ellos eran pescadores) nunca habían presenciado algo que se movía sobre la superficie del agua, especialmente tan lejos de la orilla. Ahora que lo pienso, nunca nadie lo vio otra vez.
2. Estaban entre tres y cuatro millas lejos de la orilla (Juan 6:19). Así que ¿qué otra cosa *podría haber* estado avanzando hacia ellos?
3. Sus emociones ya estaban enervadas. Seguir a Jesús había traído un trastorno total a su vida; ellos andaban en un ajetreo constante. Además, fueron testigos de una cosa sorprendente tras otra, no tenían tiempo pare descansar, mucho menos para procesar lo que veían.
4. Todavía no sabían cuán cercano está Jesús siempre. Pero estaban por enterarse.

"Tengan ánimo, soy Yo".

Dicho de otra manera, tengan calma. Confíen. Cobren ánimo y llénense de esperanza porque Aquel que sana al enfermo, hace caminar al cojo y le da vista al ciego, Aquel que enseña con autoridad, sabiduría y conocimiento, y Aquel que acaba de alimentar a más de 5000 personas multiplicando los panes y los pescados del almuerzo de un muchacho, *Él está con ustedes*. Y el viento y las olas le obedecen.

Pero no nos anticipemos porque la exhortación que se dio en el lago ese día no era solamente para los discípulos. La verdad es que todos tenemos cosas en nuestra vida que nos hacen gritar por el miedo, y nuestro primer instinto no es generalmente buscar ayuda por la parte frontal derecha del barco. Lo mismo pasa con los discípulos. Dicho de manera sencilla, ellos luchaban y se esforzaban en extremo, y Jesús no estaba allí.

Lo cual hizo que ellos creyeran que Jesús no estaba allí.

Error de principiantes. El relato de Marcos sobre esta misma historia dice en realidad: "Muy tarde esa misma noche, los discípulos estaban en la barca en medio del lago y Jesús estaba en tierra, solo. Jesús vio que ellos se encontraban en serios problemas, pues remaban con mucha fuerza y luchaban contra el viento y las olas. A eso de las tres de la madrugada, Jesús se acercó a ellos caminando sobre el agua" (Marcos 6:47-48 NTV).

Jesús los vio porque los estaba observando. Resulta que no hubo un solo momento en que ellos estuvieran fuera de su cuidado ni lejos de su alcance. Él no los había descuidado. Él no los había olvidado. No era indiferente a lo que ellos estaban atravesando, sino todo lo contrario. Sin embargo, Él sabía que ellos debían aprender precisamente lo que nosotros debemos aprender: que Dios está con nosotros incluso antes de que nos demos cuenta de su presencia (Sofonías 3:17); que Él nunca nos deja ni nos abandona (Deuteronomio 31:8); y que cuando vengan hacia nosotros las cosas más difíciles que los vientos y las olas, podemos animarnos porque nada puede separarnos del amor y el cuidado, el poder y los planes de Jesucristo nuestro Señor (Romanos 8:38-39).

Y ahora nos estamos acercando al final de este devocionario, junto con el punto de todo el asunto.

ENFOQUE DE ORACIÓN

Agradezca a Jesús por su presencia constante en la vida de sus seguidores. Háblele de las cosas que lo atemorizan y pida que le dé fe para creer que Él se está acercando a usted antes de que pueda verlo o sentirlo.

DE AHORA EN ADELANTE

- ¿Cuáles son las circunstancias específicas de su vida que lo hacen sentir solo o atemorizado?
- ¿De qué manera las palabras de Jesús: "Tengan ánimo, soy Yo; No teman", impactan la manera en que usted se siente? ¿Cómo le podrían servir para responder?
- Memorice un par de versículos bíblicos que hablen de la presencia fiel de Dios, y luego dígaselos a sí mismo cada vez que el viento empiece a soplar.

DÍA 39

AFUERA DE LA BARCA

Y [Simón] Pedro le respondió: "Señor, si eres Tú, mándame que vaya a Ti sobre las aguas". "Ven", le dijo Jesús. Y descendiendo Pedro de la barca, caminó sobre las aguas, y fue hacia Jesús. Pero viendo la fuerza del viento tuvo miedo, y empezando a hundirse gritó: "¡Señor, sálvame!". Al instante Jesús, extendiendo la mano, lo sostuvo y le dijo: "Hombre de poca fe, ¿por qué dudaste?". Cuando ellos subieron a la barca, el viento se calmó. Entonces los que estaban en la barca lo adoraron, diciendo: "En verdad eres Hijo de Dios".

Mateo 14:28-33

A Simón Pedro le gustaba estar en medio de la acción. Cuando los discípulos se dieron cuenta de que la figura misteriosa sobre las aguas era Jesús y no un fantasma, el temor de Simón se convirtió en fe y en emoción y en decisión. Simón tenía el deseo creciente de ser lo que Jesús era, incluso si eso significaba enfrentar un huracán. ¿Y los demás? Bueno, ellos se quedaron quietos.

Esa es la cosa. Con muchísima frecuencia evitamos *realmente* seguir a Jesús porque no nos gusta el punto de vista. Tememos que Él nos pedirá que vayamos a un lugar a donde no queremos ir o que hagamos algo que no queremos hacer. ¿Qué pasaría si Él nos guía a cambiar de empleo, o a adoptar a un niño, o a mudarnos, o a terminar una relación donde queremos desesperadamente estar, o (¡ni Dios lo quiera!) volvernos misioneros en un país extranjero? Por su propia naturaleza, seguir a alguien puede ser muy perturbador. Preferiríamos mantener el control, gobernarnos a nosotros mismos aferrándonos fuertemente a nuestro orgullo, nuestras pasiones y a nuestros intereses. Preferiríamos apegarnos a las cosas que nos hacen sentir cómodos y seguros.

Algo así como una barca en una tormenta.

El problema es que no podemos quedarnos en la barca y también caminar sobre el agua.

Simón Pedro tomó la decisión de caminar, y el resultado cambió el curso de la historia. Hasta ese momento, los discípulos no entendían completamente lo que significaba que Jesús era Dios encarnado. Por razones que solamente se le pueden atribuir a nuestra naturaleza humana tonta, incluso el milagro de los panes y los pescados no se había asentado en un 100 por ciento en la mente de ellos. "Entonces subió a la barca, y el viento se detuvo. Ellos estaban totalmente asombrados *porque todavía no entendían el significado del milagro de los panes.* Tenían el corazón demasiado endurecido para comprenderlo (Marcos 6:51-52 NTV, énfasis añadido).

Resulta que sanar toda enfermedad y padecimiento (Mateo 4:23), enseñar con una autoridad fuera de este mundo (Marcos 1:22, 6:2), y facultar a los discípulos para que hicieran lo mismo (Lucas 9:1) no fue suficiente. Aparentemente, los hombres también necesitaban ver un desafío a la física y que el clima fuera controlado (¡más de una vez!) antes de que los ojos de su corazón pudieran ver claramente. Lo que haya sido, ellos finalmente lo entendieron, y la respuesta de Simón Pedro era avanzar en fe, creyendo en Aquel que caminaba sobre el agua lo haría caminar a él también.

Y eso es exactamente lo que sucedió.

Claro está, cuando Simón quitó los ojos de Jesús, empezó a hundirse. Así es como funciona; nos hundimos cuando centramos nuestra atención sobre nuestras circunstancias en vez de en nuestro Salvador. Sin embargo, ese no es realmente el objetivo porque cuando estamos siguiendo a Jesús de cerca, Él está justo allí para levantarnos cuando fallamos y caemos. Gracias a Dios.

Lo más importante, querido lector, es que Simón salió de la barca. Y allí es donde siempre está la acción. Porque cuando estamos fuera de nuestra profundidad, dependiendo totalmente el poder y los planes de nuestro Salvador, suceden cosas maravillosas como la partición del mar (Éxodo 14), la caída de los gigantes (1 Samuel 17), leones que ronronean (Daniel 6), ejércitos que resucitan (Ezequiel 37), y Dios glorificándose a través de la vida de quienes lo aman y son llamados según el propósito de Él (Romanos 8:28).

Así que, sin importar el punto de vista, no tenemos nada que temer porque Aquel que hizo todo eso todavía está con nosotros. Y eso significa que tenemos la libertad de salir de la barca y vivir de la manera que Dios quiere, sin sucumbir a los placeres o a las presiones de este mundo, sino vivir completamente rendido y dispuesto a seguir a Aquel que camina sobre el agua.

ENFOQUE DE ORACIÓN

Alabe a Dios porque Él es digno. Alábelo porque Él nos permite ser parte de las cosas maravillosas que está haciendo en el mundo. Alábelo porque la vida en este mundo no es todo lo que hay. Alábelo porque Él promete guiarnos, fortalecernos y cargarnos durante todo el camino al cielo. ¡Alábelo!

DE AHORA EN ADELANTE

- ¿De qué maneras está usted atorado en la barca?
- ¿De qué maneras está Dios pidiéndole que salga por fe?
- ¿De qué forma saber que Jesús camina sobre el agua cambia su manera de sentir acerca de las cosas que, de otro modo, serían imposibles?

DÍA 40

EL CENTRO DE LA HISTORIA

Todos quedaron aterrados al verlo. Pero Jesús les habló de inmediato: "No tengan miedo—dijo—. ¡Tengan ánimo! ¡Yo estoy aquí!". Entonces subió a la barca, y el viento se detuvo. Ellos estaban totalmente asombrados porque todavía no entendían el significado del milagro de los panes. Tenían el corazón demasiado endurecido para comprenderlo.

MARCOS 6:50-52 NTV

Demos una vuelta más porque el centro de esta historia no se trata de que Jesús calma las aguas después de caminar sobre ellas. Tampoco de que Simón Pedro se sale del barco, aunque eso es maravilloso e importante y eternamente relevante para nosotros. El centro de esta historia es el cambio del corazón de los discípulos. Sin duda hubo un cambio trascendental después de haber visto a Jesús desafiar a la gravedad y también al clima. Al final, por la gracia de Dios, los hombres se asombraron en una manera tal que los cambió porque finalmente su corazón ya no estaba endurecido.

Tal como hemos hablado, esta no fue la primera oportunidad para sorprenderse ese día. Todos, los doce, habían sido testigos y participado en la alimentación de los cinco mil; uno de los milagros más épico de todos los tiempos. No obstante, ellos fallaron en entender completamente lo que significaba y cuán increíble había sido todo el evento. El milagro se les había escapado porque la mente no se sorprende cuando el corazón no está dispuesto.

Lo vemos mucho a lo largo de la Escritura. La condición del corazón endurecido es congénita y se expresa de muchas formas por una variedad de razones. Veamos estas categorías generales, por ejemplo:

1. El corazón endurecido de maldad pura, (piense en faraón, Jezabel y Herodes el (no tan) grande).
2. El corazón endurecido lleno de orgullo y engreído, (piense en los constructores de la Torre de Babel, el rey Nabucodonosor y los fariseos).
3. El corazón endurecido escéptico o indiferente, (piense en casi todos los demás).

Son marcas distintas de asco, pero todas ellas tienen una cosa en común: a pesar de haber recibido todo lo que necesitaban para creer, la gente de corazón endurecido permanece atorada. Fue por tal razón que los discípulos estaban enredados con lo peor de ellos mismos. Aunque no eran malvados ni engreídos, todavía estaban escépticos cuando, ultimadamente, no tenían razón de estarlo.

Gracias a Dios que cuando Jesús se subió al barco ese día, ¡los discípulos lo entendieron! Sus ojos no fallaron en ver, y sus oídos no fallaron en oír. Estaban sorprendidos porque se dieron cuenta de que tenía sentido; si este Mesías que multiplica el pan, camina en el agua, puede alimentar a las masas y calmar a las olas, entonces no tenemos razón alguna para temer. O ser escépticos. O incrédulos. *Jamás.* Porque no hay nada que Él no pueda hacer.

> *Después de cruzar el lago, arribaron a Genesaret. Llevaron la barca hasta la orilla y bajaron. Los habitantes reconocieron a Jesús enseguida y corrieron por toda la región llevando a los enfermos en camillas hasta donde oían que él estaba. Por donde iba—fueran aldeas, ciudades o granjas—le llevaban enfermos a las plazas. Le suplicaban que permitiera a los enfermos tocar al menos el fleco de su túnica, y todos los que tocaban a Jesús eran sanados.*
>
> MARCOS 6:53-56 NTV

Después de cruzar el lago... Resulta que esa frase tiene un significado doble porque no solamente llegaron al otro lado del lago, sino que, además, llegaron finalmente al otro lado de la incredulidad. Lo que significa que, aunque ellos habían sido testigos de muchos milagros, esta era la primera vez que tuvieron la oportunidad de experimentar el poder de Dios sin la carga de su propia duda. ¡Oh, qué día tan lleno de gracia debe haber sido! Y cuán firme debe haberse vuelto su decisión para llevar las buenas nuevas de Jesucristo a los confines de la tierra.

Ser suavizado por el poder, la autoridad y el amor de Dios es el centro de cualquier historia. También es el propósito de toda historia. Porque cuando nuestra mente se asombra y entendemos finalmente quien Él es en realidad y lo que puede hacer verdaderamente, la incredulidad, la duda y el temor se desvanecen; y en su lugar hay un cimiento firme de fe que permanecerá desde ahora hasta la eternidad.

Y, por cierto, ¿qué es más maravilloso que eso?

ENFOQUE DE ORACIÓN

Pídale perdón a Dios por cualquier dureza de corazón, sea el orgullo y el ser engreído o escéptico e indiferente (vamos a suponer que usted no es malvado). Pídale que suavice su corazón para entender mejor quién es Él. Alábelo por su poder y autoridad sobre todas las cosas, incluyéndolo a usted, especialmente a usted.

DE AHORA EN ADELANTE

- Al leer la Biblia, ¿encuentra que es difícil sorprenderse por las cosas que Dios ha hecho? Si es así, ¿por qué? ¿Las historias son demasiado conocidas? ¿Le parecen poco convincentes? Explique.

- El propósito de toda historia es suavizar nuestro corazón hacia Jesús. ¿Cuáles son las historias que más le han hecho sentir eso? ¿Qué historias lo han sorprendido?

- Lea 2 Pedro 1:3-11 (y cuando lo haga, recuerde que el que habla es el mismo a quien Jesús hizo caminar sobre el agua). ¿Qué puso Jesús a su disposición a través de su muerte y su resurrección? ¿De qué maneras ha recibido todo lo que necesita para creer?

ACERCA DE LOS AUTORES

Amanda Jenkins es la creadora principal del contenido adicional de *Los elegidos*. Vive en Texas con sus hijos y su esposo, Dallas.

Kristen Hendricks escribe e ilustra el contenido adicional de *Los elegidos*. Vive en las afueras de Chicago con su esposo, Joe.

Dallas Jenkins es el creador de la serie para TV, *The Chosen*. Vive con Amanda y sus hijos en Texas, donde hace la serie.

Así que... *Los elegidos* es prácticamente todo lo que ellos hacen.